KB245657

welfare administration Method Research

복지행정 조사방법론

내일을여는지식 사회 29

welfare administration Method Research

복지행정 조사방법론

▌한만봉 저

KSI 한국학술정보(주)

　이 책은 복지행정에 대한 연구조사방법에 대해서 기록한 책이다. 모집단을 통한 자료수집과 통계방법, 수치방법, 그래프 산출방법, 도표 보기 등을 간단하고 이해하기 쉽게 기록하였다. 그리고 다양한 의미를 해석, 적용하여 이해력을 높였다. 일을 하는 공무원 및 회사, 개인사업자 또는 일반인, 복지 관련 종사자 등이 알기 쉽게 기록하였으며, 특히 대학생들의 강의와 교재로 사용하기 쉽도록 현실성 있게 분류하여 놓았다.

　모쪼록 본 책을 통하여 맡은 바 분야에서 진정한 전문가가 되길 바란다. 이 책을 공부함으로써 내적 성공, 외적 성공, 자아실현을 동시에 모두 이루며 행복한 삶이 되었으면 한다. 본 책을 출판함에 있어서 전적으로 도움을 주신 한국학술정보(주) 채종준 사장님과, 강태우 과장님께 감사드리며, 늘 지식적인 면에서 도움을 주신 고려대학교 인문대학 학장님이셨던 김동규 박사님, 고려대학교 부총장님이셨던 표시열 박사님, 성균관대학교 정덕희 박사님, 성남기능대학 학장님이셨던 민영오 박사님, 혜전대학 이재오 총장님께도 감사를 드린다. 또한 자료를 찾아 주고 도움을 주신 최선월 선생님, 프리스카 선생님, 공주대학교 대학원생 조명연 선생님에게도 감사를 드린다.

모쪼록 이 책을 통하여 21세기의 진정한 신의성실한 행정복지인들이 많이 나오길 바란다.

2010년 1월
고려대학교 도서관에서 씀

차 례

제 1 부

복지행정 조사방법 기초

제1장
조사방법의 기초

조사방법에 있어서 중요한 것은 모집단을 설정하고 그 모집단으로부터 나오는 자료를 토대로 실증적인 분석을 어떻게 하느냐이다. 아무리 좋은 자료를 가지고 있더라도 분석을 잘못하면 무용지물이 되기 때문이다.

일단 알기 쉽게 설문조사를 보도록 하자.

대학생의 사회인식 및 태도 조사	ID			

안녕하십니까?

저희는 성균관대학교 일반대학원 전공수업인 조사방법론을 수강하고 있는 학생입니다. 본 조사는 과제에 필요한 자료를 얻기 위함으로 귀하의 응답은 수업자료로만 사용됨을 알려 드립니다.

바쁘시더라도 잠시 시간을 내어 응답을 해주시면 감사하겠습니다.

본 조사에 대한 궁금하신 점은 아래의 연락처로 연락을 해 주시기 바랍니다.

응답해 주셔서 감사합니다.

연락처: 010 - 4432 - 8561

성균관대학교 일반대학원 한만봉 올림

1. 아래의 문항들은 사람들이 일반적으로 가지고 있는 생각에 관한 것입니다. 아래의 각 항목들을 읽으시고 귀하의 동의정도를 표시해 주시기 바랍니다.

전혀 ①.....②.....③.....④.....⑤.....⑥.....⑦ 아주 매우

질문항목	전혀　　　　보통　　　　아주 매우
1) 살찐 사람은 게으르다.	①--②--③--④--⑤--⑥--⑦
2) 마른 사람은 밥을 적게 먹는다.	①--②--③--④--⑤--⑥--⑦
3) 잘생긴 남자/예쁜 여자는 얼굴값을 한다.	①--②--③--④--⑤--⑥--⑦
4) 막내는 철이 없다.	①--②--③--④--⑤--⑥--⑦
5) 외동딸, 아들은 자기중심적이다 .	①--②--③--④--⑤--⑥--⑦
6) 남성은 위험을 무릅쓰고 여성을 지켜야 한다.	①--②--③--④--⑤--⑥--⑦
7) A형은 소심하다.	①--②--③--④--⑤--⑥--⑦
8) 눈이 크면 겁이 많다.	①--②--③--④--⑤--⑥--⑦
9) 평발은 운동을 못한다.	①--②--③--④--⑤--⑥--⑦
10) 대머리는 공짜를 좋아한다.	①--②--③--④--⑤--⑥--⑦

◆ 다음은 미디어의 영향에 관한 질문입니다.

1. 전체적으로 미디어는 사람들의 인식에 어느 정도 영향을 준다고 생각하십니까?

전혀 ①--②--③--④--⑤--⑥--⑦ 아주 매우

▶ 1-1. **신문**은 사람들의 인식에 어느 정도 영향을 준다고 생각하십니까?

전혀 ①--②--③--④--⑤--⑥--⑦ 아주 매우

▶ 1-2. <u>TV뉴스</u>는 사람들의 인식에 어느 정도 영향을 준다고 생각하십니까?

전혀 ① - - ② - - ③ - - ④ - - ⑤ - - ⑥ - - ⑦ 아주 매우

▶ 1-3. <u>잡지</u>는 사람들의 인식에 어느 정도 영향을 준다고 생각하십니까?

전혀 ① - - ② - - ③ - - ④ - - ⑤ - - ⑥ - - ⑦ 아주 매우

◆ 다음은 혼혈 또는 혼혈인에 관한 질문입니다.

---

1. 다음의 각 항목은 <u>혼혈인</u>에 대한 우리나라 사람들의 인식에 관한 질문입니다. 각 항목을 읽고 귀하의 의견을 답해 주시기 바랍니다.

질문항목	전혀　　　보통　　　아주 매우
1) 혼혈은 숨겨야 할 수치스러운 일이다.	① - - ② - - ③ - - ④ - - ⑤ - - ⑥ - - ⑦
2) 혼혈인은 우리의 단일혈통을 무너뜨리기 때문에 좋지 않다.	① - - ② - - ③ - - ④ - - ⑤ - - ⑥ - - ⑦
3) 혼혈인은 잘생기고 예쁘기 때문에 연예인으로 진출하기 쉽다.	① - - ② - - ③ - - ④ - - ⑤ - - ⑥ - - ⑦
4) 우리나라의 혼혈인은 백인계통보다 동남아시아 계통의 혼혈인이 더 많다.	① - - ② - - ③ - - ④ - - ⑤ - - ⑥ - - ⑦
5) 외국인 부모를 두었기 때문에 영어를 잘한다.	① - - ② - - ③ - - ④ - - ⑤ - - ⑥ - - ⑦
6) 혼혈인은 다가가기가 어렵다	① - - ② - - ③ - - ④ - - ⑤ - - ⑥ - - ⑦

2-1. 다음의 항목 중 백인 계통의 혼혈인(백인계통＋한국)에 대해
    떠오르는 이미지는 무엇입니까?

질문항목	전혀 보통 아주 매우
1) 신기하다.	①－－②－－③－－④－－⑤－－⑥－－⑦
2) 부유한 집안의 사람이다.	①－－②－－③－－④－－⑤－－⑥－－⑦
3) 또래에게 왕따를 당할 것이다.	①－－②－－③－－④－－⑤－－⑥－－⑦
4) 영어를 잘한다.	①－－②－－③－－④－－⑤－－⑥－－⑦
5) 주한 미군의 자녀이다.	①－－②－－③－－④－－⑤－－⑥－－⑦
6) 외모적으로 타인에게 부러움을 살 것이다.	①－－②－－③－－④－－⑤－－⑥－－⑦
7) 빈곤하고, 학력이 낮을 것이다.	①－－②－－③－－④－－⑤－－⑥－－⑦
8) 농촌여성의 부재로 인해 증가한다.	①－－②－－③－－④－－⑤－－⑥－－⑦
9) 교양이 있고, 학식이 높은 사람이다.	①－－②－－③－－④－－⑤－－⑥－－⑦

2-2. 다음의 항목 중 흑인 계통의 혼혈아(흑인계통＋한국)에 대해
    떠오르는 이미지는 무엇입니까?

질문항목	전혀 보통 아주 매우
1) 신기하다.	①－－②－－③－－④－－⑤－－⑥－－⑦
2) 부유한 집안의 사람이다.	①－－②－－③－－④－－⑤－－⑥－－⑦
3) 또래에게 왕따를 당할 것이다.	①－－②－－③－－④－－⑤－－⑥－－⑦
4) 영어를 잘한다.	①－－②－－③－－④－－⑤－－⑥－－⑦
5) 주한 미군의 자녀이다.	①－－②－－③－－④－－⑤－－⑥－－⑦
6) 외모적으로 타인에게 부러움을 살 것이다.	①－－②－－③－－④－－⑤－－⑥－－⑦
7) 빈곤하고, 학력이 낮을 것이다.	①－－②－－③－－④－－⑤－－⑥－－⑦
8) 농촌여성의 부재로 인해 증가한다.	①－－②－－③－－④－－⑤－－⑥－－⑦
9) 교양이 있고, 학식이 높은 사람이다.	①－－②－－③－－④－－⑤－－⑥－－⑦

2-3. 다음의 항목 중 동남아시아 계통의 혼혈아(동남아시아 계통+
  한국)에 대해 떠오르는 이미지는 무엇입니까?

질문항목	전혀　　　　　보통　　　　　아주 매우
1) 신기하다.	①--②--③--④--⑤--⑥--⑦
2) 부유한 집안의 사람이다.	①--②--③--④--⑤--⑥--⑦
3) 또래에게 왕따를 당할 것이다.	①--②--③--④--⑤--⑥--⑦
4) 영어를 잘한다.	①--②--③--④--⑤--⑥--⑦
5) 주한 미군의 자녀이다.	①--②--③--④--⑤--⑥--⑦
6) 외모적으로 타인에게 부러움을 살 것이다.	①--②--③--④--⑤--⑥--⑦
7) 빈곤하고, 학력이 낮을 것이다.	①--②--③--④--⑤--⑥--⑦
8) 농촌여성의 부재로 인해 증가한다.	①--②--③--④--⑤--⑥--⑦
9) 교양이 있고, 학식이 높은 사람이다.	①--②--③--④--⑤--⑥--⑦

3. 다음 인물들은 현재 활동하고 있는 혼혈인입니다. 귀하께서 선
  호하는 사람들을 순서대로 3가지만 선택해 주시기 바랍니다.

1순위:＿＿＿＿＿＿＿＿2순위:＿＿＿＿＿＿＿＿3순위:＿＿＿＿＿＿＿

① 인순이(가수)　② 다니엘 헤니(모델)　③ 제니퍼(방송인)

④ 김 디에나(방송인)　⑤ 데니스 오(모델)　⑥ 이유진(연기자)

⑦ 윤수일(가수)　⑧ 윤미래(가수)　⑨ 리사켈리(방송인)

⑩ 소냐(가수)　⑪ 김동광(안양 KT&G 농구감독)

⑫ 토모(연기자)　⑬ 김준(축구선수)　⑭ 장대일(축구선수)

⑮ 이삭(가수)　⑯ 데니스 강(이종격투기 선수)

⑰ 수잔 맥도날드(방송인)　⑱ 기타:＿＿＿＿＿＿＿

◆ 다음은 미디어에서의 혼혈인에 관한 질문입니다.

1. 귀하는 미디어에서 혼혈인을 주제로 다룬 내용을 어느 정도 보
   셨습니까?

전혀 ① - - ② - - ③ - - ④ - - ⑤ - - ⑥ - - ⑦ 아주 매우

2. 주로 어떤 미디어에서 보셨습니까?

① 신문 ② TV ③ 잡지 ④ 인터넷 ⑤ 기타:__________

3. 혼혈인에 대한 미디어의 보도 태도에 관한 질문입니다. 각 항목
   을 읽고 귀하의 생각을 답해 주시기 바랍니다.

질문항목	긍정적　　　　보통　　　　부정적
1) 백인계통 혼혈인에 대한 보도 태도	① - - ② - - ③ - - ④ - - ⑤ - - ⑥ - - ⑦
2) 흑인계통 혼혈인에 대한 보도태도	① - - ② - - ③ - - ④ - - ⑤ - - ⑥ - - ⑦
3) 동남아시아 계통 혼혈인에 대한 보도 태도	① - - ② - - ③ - - ④ - - ⑤ - - ⑥ - - ⑦

4. 미디어에서 혼혈에 대해 얼마나 **객관적으로** 다루고 있다고 생각
   하십니까?

전혀 ① - - ② - - ③ - - ④ - - ⑤ - - ⑥ - - ⑦ 아주 매우

5. 미디어를 통해 혼혈아를 접하고 기존에 갖고 있던 **인식의 변화**
   가 있었던 적이 있는가?

전혀 ① - - ② - - ③ - - ④ - - ⑤ - - ⑥ - - ⑦ 아주 매우

◆ 다음은 예능 프로그램 <느낌표>의 '집으로' 코너에 관한 질문입니다.

1. 귀하께서는 MBC의 <느낌표>라는 프로그램 중 '집으로'라는 코너를 본 적이 있습니까?
① 있다   ② 없다

1-1. 귀하께서는 <느낌표> 중 '집으로'를 얼마나 자주 시청하십니까?
① 빼놓지 않고 전부 시청하였다   ② 거의 빼놓지 않고 본다
③ 반반이다   ④ 가끔 보는 편이다   ⑤ 거의 보지 않는 편이다

2. 다음 내용은 느낌표의 '집으로'의 기획취지 입니다. 다음의 기획취지가 프로그램에 어느 정도 잘 반영되고 있다고 생각하십니까?

'집으로!!'는 가정형편 때문에 외갓집에 가보지 못한 손자가 타국에 사는 외할머니를 만나러 가는 여정과 만남 뒤의 따뜻함, 변화된 손자의 모습을 감동적으로 그려 냄으로써 혼혈에 대한 사회적 인식을 바꾸고 혼혈 아동이 겪는 문제점과 그 해결점을 함께 찾아보고자 한다.

전혀 ① - - ② - - ③ - - ④ - - ⑤ - - ⑥ - - ⑦ 아주 매우

3. 귀하는 위의 프로그램을 보고 혼혈인에 대한 인식이 바뀌었습니까?
전혀 ① - - ② - - ③ - - ④ - - ⑤ - - ⑥ - - ⑦ 아주 매우

※ 귀하의 성별은? (1) 여성 (2) 남성

※ 귀하의 연령은? 만________ 세

복지행정 조사방법에 있어서 선행 연구 분석은 중요한 역할을
한다. 선행연구분석을 통하여 이 분야의 연구가 필요한지, 지속되
어야 하는지를 가늠할 수 있기 때문이다. 이에 선행 연구 샘플들을
보도록 하겠다.

제1절 개념정의 및 조사 분석 연구의 필요성

1. 연구의 필요성(기존 연구 경향 분석 및 문제 제기)

스포츠 팬십(Fan ship)에 대한 기존의 연구 논문들은 팬(Fan)이라
는 집단이 사회에서 새로운 문화적 집단으로 확고히 자리 잡거나
앞으로 상당한 비중을 차지할 것으로 보이는 해석들이었다. 최근까
지 팬십에 대한 연구는 서태지를 비롯한 대중스타 또는 TV·영화
등의 대중문화에 집중된 연구들이다. 때문에 스포츠 특히 야구·축
구·배구 등의 프로경기에서 파생된 팬십 현상에 대한 논문은 매
우 적은 편이고 양질의 연구물을 접하기란 매우 어려운 실정이다.
지금까지 살펴본 논문을 분석한 결과, 스포츠 팬십에 대한 연구
는 크게 두 가지 측면에서 접근하고 있는 것으로 보인다. 그것은
바로 심리학적 접근 및 마케팅적 접근(소비자 행동론)이다. 전자는

미디어 스포츠의 기능적인 면을 심층 연구한 것이고 후자는 팬십을 가치적인 면으로 접근한 논문이다. 대부분의 연구물들은 심리학적 접근 또는 마케팅적 접근 가운데 하나를 선택해 연구를 수행했다. 두 가지의 접근법을 병합해서 쓴 논문은 거의 없었고 이는 질적 연구와 양적 연구를 동시에 수행할 경우 시간적·물질적으로 상당한 어려움이 따를 것으로 예상했기 때문으로 보인다.

기존의 선행 연구를 학습한 결과, 저희는 다음과 같은 문제점을 발견할 수 있었다.

첫째, 기존 논문들은 주제(제목) 설정에서부터 상당한 문제를 안고 있다.

논문의 주제가 너무 광범위하게 설정되어 있기 때문에 서론 부분인 이론적 배경과 결론에서 주제에 대한 상관관계 및 문제점 등을 언급하지 못하고 논문을 끝내는 경우가 많았다. 그러므로 추후 논문에선 연구 주제를 좀 더 구체화해야 할 것이고 관점을 좁혀야 할 필요가 있다. 또한 현시성은 논문의 참신성과 밀접한 관련이 있는데 몇몇 논문에선 현시성과 거리가 먼 연구물로 나타났다.

둘째, 서론의 문제 제기 부분에서는 연구의 문제점이 발생한 배경보다는 기존의 발표된 출판물에서 언급된 이론에 근거한 논문쓰기가 많았다.

팬십에 대한 이론 설명은 당연하지만 대부분의 논문들이 서론에서 팬십에 대한 이론적 배경을 다루고 있는데도 불구하고 본문 부분에서 이론 및 배경들을 또 설명하는 등 중복되는 부분이 많았다. 한편 문제 제기에 있어서는 어느 정도 연구자들의 주관적인 주장이 들어가야 함에도 이를 뒷받침할 수 있는 객관적인 이론 및 배경이 턱없이 부족한 것으로 나타났다. 예컨대 연구자가 내놓은 주장을 입증할 수 있는 통계적인 자료라든가 이 분야에서 권위 있는 학자, 전문가들의 의견 또는 주장을 인용해야 논문의 연구 필요성을 높여 줄 것으로 보인다.

셋째, 올바른 연구 방법론 선택이 필요하다.

저희가 선행 연구한 논문의 대부분은 일반 학회지에 실린 연구물들이었고, 기존의 문헌들을 인용해 작성한 질적 연구물들이었다. 나머지 논문들은 설문조사(Survey)를 이용한 통계방법이었고, 단 한 개의 논문만이 민속지학적(Ethnomethodology)인 연구방법을 채택해 작성했다.

저희는 스포츠 팬십을 연구할 때, 수용자층을 심층적으로 분석하려면 민속지학적인 연구방법이 가장 좋다는 결론을 내렸다. 하지만 저희가 선행 연구한 논문에서 볼 수 있었던 민속지학적 논문은 인터넷이라는 익명성 높은 매체를 적극적으로 이용한 연구물이었기 때문에 민속지학적 연구물로 보기 어렵다고 생각한다. 익명성이 난무하는 온라인상에서 자신을 솔직히 표현하는 것보다는 과장·왜곡하는 경우가 많기 때문에 보다 정확한 심층조사가 필요하다고 생각한다. 그러므로 우리는 설문조사를 먼저 실시해 표본을 추출한 다음 이들을 대상으로 심층 인터뷰 또는 민속지학적 방법을 병합해 수용자층을 연구하는 것이 바람직하다고 생각한다.

넷째, 대부분의 연구는 설문지를 이용한 '결과 찾기' 중심의 연구물들이었다.

설문조사를 택한 대부분의 논문들은 결과만 찾는 것에 중점을 두고 있다. 설문의 질문이 몇 가지로 정해진 답변을 찾는 것에 비중을 두고 있어 왜 그와 같은 결과가 나왔는지에 대한 이유 및 부연 설명이 없다. 가령 "결과는 A로 나왔는데 이유는 밝혀지지 않았다."라는 식의 설문 결론은 설문지를 배포 및 작성하는 데 있어서 설문의 신빙성을 떨어뜨린다고 판단된다.

조사방법에 있어서 연구문제의 설정과 가설은 가장 기본적인 순서이다. 문제를 설정하고 가설을 설정하며 모집단을 통하여 연구데이터를 구할 수 있기 때문이다.

제2절 연구문제의 선정 및 가설설정

◈ 연구문제 선정

연구문제는 연구를 할 대상을 선정하는 작업이다. 현재 이슈가 되는 문제가 연구 문제인 것이다.

1) 연구문제를 선정함으로써 경험적 연구가 시작된다.
2) 연구자는 자신의 연구에서 다루고자 하는 연구주제, 연구목적, 그 연구의 실제적 및 이론적 중요성을 분명하게 부각시켜야 한다.
3) 연구자는 연구를 통하여 달성하고자 하는 목적을 분명하게 밝혀야 한다: 탐색, 기술, 설명
4) 연구를 통하여 얻어진 지식이 학술적으로나 실제문제 해결에 얼마나 도움이 될지를 구체적으로 기술한다.

1. 가설설정

1) 가설이란

제기된 문제에 대한 잠정적 해답으로 "문제의 해답은 이러한 것이다."라는 차원에서 내린 잠정적인 결론을 의미한다.

2) 연구문제 선정 이후 이를 구체화하여 연구의 기본적 모형을 작성하고 구체적인 가설을 설정한다.

2. 연구대상의 선정

누구를 대상으로 연구를 진행할 것인가를 결정.

연구의 모집단을 규정(모집단: 연구자가 연구 결과 얻게 될 결론을 일반화시키고자 하는 집단).

모집단에서 표본조사.

3. 조사설계의 선택

• 조사설계(research design)

연구자가 연구문제에 대한 해답을 얻는 데 필요한 경험적 증거를 수집하기 위해 사용하는 조사연구 계획이다.

연구대상과 표본추출방법, 주요변수의 개념화와 조작화, 자료수집 및 분석방법 등에 관한 계획수립(건축설계와 같은 단계)이다.

• 조사설계의 기본 목적

가장 경제적인 방법으로 연구문제에 대한 정확한 답을 얻는 것
이다.

4. 개념화 및 조작화

조사설계와 병행하여 연구에서 사용되는 주요 개념들의 의미를
분명하게 밝히고, 관찰을 통해 그 개념들을 측정할 수 있도록 조작
적으로 정의하는 것이다.

개념화(Conceptualization), 구성요소적 정의(constitutive definition)
이다.

개념의 의미를 밝히는 단계(개념은 용어를 통해 나타내므로 용어
의 정의 단계라고도 한다) 조작화(operationalization), 조작적 정의
(operational definition)이다.

개념을 현실 세계에 적용하여 측정할 수 있는 변수로 전환하려
는 작업이다.

5. 자료수집

• 1차 자료

연구자가 현재의 연구목적을 위하여 직접 수집한 자료.

수집방법: 질문서법, 면접법, 관찰법 등이 있다.

- 2차 자료

1차 자료를 제외한 모든 자료(정부기관 / 연구기관 등의 간행물, 기업에서 수집한 자료, 연구목적에 도움이 되는 모든 자료).

6. 자료분석

수집된 자료를 분석하고 해석하여 경험적인 자료가 연구문제 및 가설과 부합되는지를 평가한다.

7. 자료해석 및 보고서 작성

연구결과의 정리 및 보고서 작성을 하는 것을 말한다.

제3절 연구의 분석단위

◆ 연구의 분석단위

연구자가 그 속성 또는 특징에 관한 자료를 수집하고, 기술/설명하고자 하는 사람이나 사물을 말한다.

분석단위란 그 단위의 속성을 집계하여 보다 큰 집단을 기술하거나 어떤 추상적인 현상을 설명하기 위하여 자료를 수집하는 단위이다.

1. 분석단위의 분류

1) 개인

(1) 사회과학 조사연구에서 가장 전형적인 분석단위이다.

(2) 사회과학 조사연구에서 연구결과의 일반화 범위가 넓을수록 가치 있는 것으로 간주된다는 점에서 모든 유형의 사람을 포괄할 수 있는 분석단위를 선택하는 것이 바람직하다.

(3) 실제 연구에서 분석단위에 포함되는 개인의 범위가 제약되는 경우가 많다.(학생, 지역 주민, 노동자, 공무원, 투표자 등으로 좁게 한정)

2) 집단

(1) 사회 집단도 연구의 분석단위 가능(가족, 깡패 집단 등).
(2) 집단 내의 개인을 분석단위로 하는 것과는 다름.

3) 프로그램

정책평가연구 등에서 활용(프로그램 수혜자인 개인 / 프로그램 자체 구분).

4) 조직 또는 제도

회사, 학교 등을 말하며 공식적 조직, 비공식조직 모두를 말한다.

5) 지역사회, 지방정부, 국가

6) 사회적 생성물

소송사례, 교통사고, 국회 청문회 등

7) 분석단위의 선택

연구문제에 비추어 적절한 분석단위를 선택(결혼과 결혼당사자, 범
죄와 범죄자, 행정기관과 행정기관의 대표자는 서로 다른 분석단위)

제4절 분석단위 선정과 해석의 오류

1. 생태적 오류(ecological fallacy)

어떤 분석단위를 채택하여 연구한 결과 얻은 결론을 다른 분석
단위에 적용시키는 오류(집단을 분석단위로 하여 얻은 결론을 개인
수준에 적용하는 오류)

강남의 A고등학교는 강북의 B고등학교보다 부모의 사회 / 경제적
지위가 높은 학생이 많다고 하자. 그런데 A학교에서 학교 공부에
적응하지 못하는 학생의 비율이 B학교보다 높은 경우에, 부모의 사
회 / 경제적 지위가 높을수록 그 자녀가 학교에 적응하기 어렵다는
결론을 내릴 수 있을까? A학교에서는 경쟁이 치열하기 때문에 B학

교보다 적응하지 못하는 학생의 비율이 높았고, A학교에서 학부모
의 사회/경제적 지위가 낮을수록 부적응하는 학생이 많았다면 생
태학적 오류를 범한 것

2. 환원주의적 오류(reductionism)

1) 분석단위의 선정 및 해석과 관련된 오류

◎ 개인을 분석단위로 한 연구결과를 토대로 집단, 사회, 또는
   국가의 특성을 추론할 때 발생
◎ 생태적 오류와 반대되는 현상으로 개체주의적 오류(individual‐
   istic fallacy)
◎ 민주주의적 가치에 동의하는 사람의 비율을 정치체제의 민주
   화의 정도로 나타내는 지표로 사용할 때 발생(민주주의적 가치
   에 동의하는 사람이 많은 국가가 민주화가 고도로 되어 있다?)
◎ 개체수준의 연구결과를 집단수준의 연구결과로 환원시킬 때
   발생

2) 변수선정과 관련된 오류

◎ 넓은 범위의 인간의 사회적 행위를 이해하는 데 필요한 변수
   또는 개념의 종류를 지나치게 한정하거나 한가지로 환원시키
   려는 경향
◎ 경제학자들이 모든 사회현상을 경제적 변수만으로 설명

◎ 심리학자들이 심리적 요인으로 한정하여 설명하는 경우

제5절 연구의 시간적 범위

1. 횡단면적 연구

일정 시점에서 다수의 분석단위에 대한 자료를 수집하는 연구(X선 촬영 →결과를 통해 미래 시점에 나타날지 모르는 상황을 예측).

2. 종단면적 연구

둘 이상의 시점에서 다수의 분석단위를 연구하는 것.

1) 시계열연구(time – series study) 또는 경향연구(trend study)

복수의 연구대상을 둘 이상의 시점에서 관찰한 다음 그 결과를 비교연구(인구센서스, 물가동향조사).

2) 동기생 또는 동시경험집단(cohrt)연구

일정 기간 동안 어떤 한정된 부분 모집단의 변화를 연구.
특정 경험을 같이하는 사람들이 갖는 특성들에 대하여 두 번 이

상의 다른 시기에 걸쳐서 비교연구(419세대, 386세대, 학력고사세
대, 수능세대 등).

3) 동일집단 반복연구(panel study)

한 번 조사된 사람들을 여러 차례 조사하는 반복연구.
다른 유형의 연구보다 훨씬 강력하지만, 시간과 비용이 많이 소요.

제2장
연구문제 및 가설의 형성

제1절 연구문제의 의미와 유형

1. 연구문제의 의미

조사연구는 연구문제를 설정하는 데서 시작.

연구문제를 제기하는 것은 연구자가 그에 대한 해답을 분명하게 알지 못하고 있다는 것을 의미.

연구문제는 연구주제에 관한 어느 정도의 기초 지식은 존재.

◎ Kerlinger

- 둘 또는 그 이상의 변수관계에 대한 의문형 문장.
- 연구문제가 변수들 간의 관계로 표현되어야 함.

2. 연구질문의 유형

1) 규범형 질문과 경험적 질문

◎ 경험적 질문

사실 또는 거짓이라는 것이 감각적 경험에 의해 확인되거나 증명될 수 있는 질문(홍길동 의원은 2004년 총선에서 재선될 것인가? 대통령의 인기를 통제한 후에도 국민들의 평균 실질소득이 증가할수록 선거에서 여당의 의석수는 많아진다).

◎ 규범적 질문

판단적 가치, 즉 좋고 나쁨, 바람직함과 그렇지 않음, 또는 아름다움과 추함 등의 질문(박정희는 좋은 대통령이었나? 세금은 인상되어야 하는가? 등).

2) 기술 / 비교 / 관계형 질문

◎ 기술적 질문

현재 상황, 과정 또는 프로그램을 기술하거나 지역 주민, 고객, 직원들에 관한 정보를 수집하는 질문(얼마나 많은 사람들이 서비스를 받는가?).

◎ 비교형 질문

기술적 질문의 특수한 형태로 현재 상태를 계량화가 가능한 목표, 표준, 또는 기준과 비교(이 지역 고등학교 학생들의 대학 진학률은 다른 지역과 비교하면 어느 정도인가?).

◎ 관계형 질문

변수들 간의 관계의 정도를 측정하m 관심을 갖는다. 변수 간
의 관계는 인과관계와 상관관계로 구분.

• 인과관계 질문: 독립변수가 종속변수에 미치는 인과적 영향을
측정(빈곤이 유아사망률에 미치는 영향은 무엇인가?).

• 상관관계 질문: 상관관계는 있지만 인과관계는 아닌 경우(직원
들의 동기유발 요인은 무엇인가? 고객만족도에 영향을 미치는
요인은 무엇인가?).

제2절 연구문제의 원천

1. 기존의 지식체제

연구문제의 아이디어는 연구자가 알고 있는 분야의 기존 지식체
제에서 얻는 경우가 많음.

기존의 지식체계에서 미진한 부분, 기존의 연구결과들이 상호 모
순, 기존 지식체계로는 어떤 새로운 사실을 설명할 수 없는 경우.

2. 사회적 요청

특정 문제에 대한 조사를 요청받을 경우.

3. 개인적 기준

일상생활에서 겪은 개인적 경험을 토대로 주제 선정(승진에 있어 성차별).

4. 연구문제의 평가기준

5. 학문적 평가기준

◎ 독창성

기존 지식체계에 비추어 얼마큼 독창적인가?(새로운 관점)

◎ 이론적 의의

연구문제 해결을 통해 관련된 사회현상을 이해, 설명, 예측을 위한 지식을 축적할 수 있는가?

◎ 경험적 검증가능성

어떤 연구문제가 경험적 조사연구에서 다루어질 만한 것인가?(과학의 기본가정 – 검증 가능한 것)

6. 실천적 기준

현실문제 해결에 얼마나 도움이 되는가?

7. 연구과제의 목표규정

◎ 연구과제 수행을 통하여 얻고자 하는 것은 무엇인지 분명히 정의.
◎ 탐색, 기술, 설명의 목적 중에 어떤 것인가를 결정.
  • 탐색: 어떤 새로운 아이디어를 제시하려 하는가?
  • 기술: 현상을 정확하게 보여 주고 싶은가?
  • 설명: 현상의 원인을 알아보려는가?

8. 연구주제를 일련의 질문으로 진술

연구주제에 관계되는 의문점을 모두 적어 본다.
이에 대한 해답을 적어 본다.

9. 각각의 해답을 토대로 가설 설정

잠정적인 해답을 토대로 가설을 설정.

10. 규범적인 질문의 경험적 질문으로의 전환

규범적 현상은 경험적 질문으로 전환될 때만 과학적 연구 가능.

11. 기술적 질문으로 전환

규범적 판단을 사람들이 내리는 판단에 관한 질문으로 전환.

대통령이 직무를 잘 수행하느냐? 그렇지 않느냐?(규범적 질문).

→ 일반 국민이 대통령의 직무수행이 제대로 되었다고 생각하는
지 여부에 대한 질문(경험적 질문).

12. 관계형 질문으로 전환

규범적 판단의 가정을 토대로 관계형의 경험적 질문으로 전환.

대부분의 규범적 판단은 부분적으로 경험적인 사실에 대한 믿음
에 근거.

규범적 질문	기술적 질문으로 전환	관계형 질문으로 전환
국회의원들의 임기제한을 채택해야 하는가?	대부분의 정치학자들이 임기제한을 찬성하는가?	임기제한은 의회의 결정에 있어서 이익집단의 영향을 증가시키는가?
마약의 합법화는 바람직한 것인가?	대부분의 국민이 마약의 합법화에 찬성하는가?	마약의 합법화는 다른 범죄의 발생을 감소시키는가? 마약의 합법화는 중독의 빈도를 얼마나 증가시키는가?
의회 의원의 선거운동 비용지출에 대한 규제가 강화되어야 하는가?	의회의 현직의원들이 정치신인들보다 선거운동 비용지출에 대한 규제에 더욱 찬성하는가?	선거비용 지출규제를 강화하면 현직의 재선율이 높아지는가?
대학교육을 위한 재정지출이 확대되어야 하는가?	유권자들은 대학교육을 위한 재정지출에 찬성하는가?	대학교육에 대한 재정지출과 대학교육의 질은 어떤 관계가 있는가?

제3절 이론을 알아야 하는 이유

1. 이론의 의미

현상의 설명과 예측의 전제로 쓰일 뿐 아니라 경험적 조사연구를 수행하는 데 있어서의 지침.

상호 관련된 개념(사실)들의 연결 관계 또는 규칙성을 나타내는 일반적 진술들로 구성되는데, 이는 사회현상을 설명하고 예측하는 데 있어서 전제로 쓰이며 또한 구체적인 가설을 도출할 수 있는 근거로 경험적 연구의 지침이 되는 것.

2. 이론과 관련개념

1) 모형(model)

현실세계의 본질적 특징을 부각시키면서 현실세계를 질서 있게 정돈하고 단순화한 것(건축모형, 자동차모형 등).

2) 패러다임

특정 과학공동체의 구성원들이 공유하는 세계관, 신념체계 및 연구과정의 체계, 즉 개념적, 이론적, 방법론적, 도구적 체계를 지칭(천동설, 지동설).

3) 이데올로기

특정 집단이 공유하고 있는 폐쇄적인 신념 및 가치체계.

3. 이론의 분류

1) 적용범위에 따른 분류

◎ 소범위 이론: 좁은 범위의 현상
◎ 중범위 이론
◎ 일반 이론: 하나의 학분 또는 전체 학문분야

2) 분석수준에 따른 분류

◎ 거시수준의 이론: 국가, 사회
◎ 중위수준의 이론: 조직, 집단
◎ 미시수준의 이론: 개인행동

3) 이론평가의 기준

◎ **정확성**(accuracy)
◎ **일반성**(generality)
　일반성이 클수록 설명될 수 있는 현상의 범위가 넓어짐
◎ **간명성**(parsimony)
　주어진 사건들을 설명하는 데 사용되는 독립변수의 숫자가 적

을수록 간명한 이론

◎ 인과성(causality)

현상을 설명하는 원인변수 이외에 새로운 변수들이 첨가되어
도 설명유형에 변화가 일어나지 않는 경우

제4절 연구의 개념적 준거틀

1. 개념적 준거틀의 의미

일련의 연구문제에 포함된 개념(변수)들을 구성요소로 하고 이들
구성요소들의 관계를 연결한 하나의 시스템.

도표나 등식 또는 다른 추상적인 형태로 표현됨.

연구 주제와 관련된 현실을 단순화시킨 것.

2. 개념적 준거들의 구조

1) 구성요소(개념 및 변수)의 식별

◎ 개념: 추상성이 높은 것(사실에 대한 생각)

◎ 변수: 개념을 구체화하여 측정 가능한 형태로 정의한 것

2) 개념(변수) 간의 관계와 개념(변수)의 위치

(1) 개념(변수) 간의 관계

◎ 대칭적 관계

두 변수 간의 관계에서 어떤 변수도 다른 변수의 원인이 아닌 경우.

두 변수 간의 상관관계 또는 공동변화만 확인할 수 있고 인과관계 방향은 알 수 없을 때.

◎ 상호 인과적 관계

두 변수가 서로 영향을 미치는 관계.

◎ 비대칭적 관계

한 변수가 다른 변수에 영향을 미치는 관계.

한 변수가 다른 변수의 원인.

과학적 설명과 예측, 그리고 통제의 기초.

(2) 변수의 위치설정

◎ 매개변수

독립변수와 종속변수의 사이에서 독립변수의 결과인 동시에 종속변수의 원인이 되는 변수.

독립변수(X) → 매개변수(I) → 종속변수(Y).

부모의 사회적 지위(X) → 자녀의 교육(I) → 자녀의 사회경제적 지위(Y).

◎ 선행변수

인과관계에서 독립변수에 앞서면서 독립변수에 대한 유효한 영향력을 행사하는 변수.

선행변수(A) → 독립변수(X) → 종속변수(Y).

◎ 구성변수

◎ 조절변수

◎ 통제변수

3. 개념적 준거들의 표현방법

1) 도표 형태의 표현

☞ 연구주제와 관련된 주요한 개념(변수)들이 선정되고, 이들 간
관계의 성격과 각 변수의 위치가 설정되면 개념적 준거틀이
구성

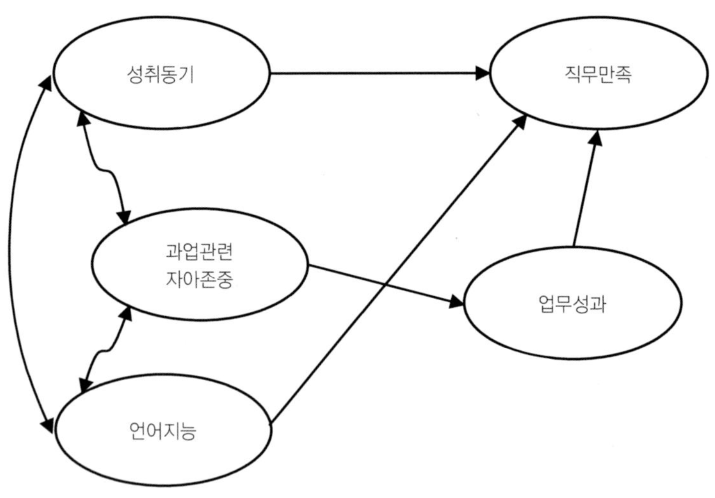

2) 기호를 사용한 표현

- $HP = f(P,\ E)$

  $HC = g(E,\ HP)$

    ▶ HP는 보건의료정책을 나타내는 변수의 백터

    ▶ HC는 국민의 건강수준을 측정하는 변수의 백터

    ▶ P는 정치체제의 특징을 나타내는 변수의 백터

    ▶ E는 사회경제적 상황을 나타내는 변수의 백터

    ▶ f와 g는 함수관계를 의미하는 기호

4. 개념적 준거들의 기능

고려해야 할 변수와 이들 간의 관계를 확인.

앞으로 수행해야 할 연구범위를 한정.

경험적 조사연구결과에 의미를 부여하는 구조.

조사의 목표나 가설을 연역해 낼 수 있는 전제.

제5절 가설

1. 가설의 의미

연구자가 문제에 대한 잠정적인 해답으로 간주한 것.

연구문제에 대한 최선의 예측 또는 잠정적 해답.

2. 가설의 종류

1) 연구의 주목적에 따른 분류: 기술적 가설과 설명적 가설

◎ 기술적 가설

현상의 정확한 기술, 즉 사실을 밝히기 위한 가설.

◎ 설명적 가설

왜(why)에 대한 대답, 즉 인과관계를 규명하기 위한 가설.

2) 통계적 검증단계에서의 분류: 연구가설과 영가설

◎ 연구 가설

사회현상에 관한 연구자의 이론으로부터 도출된 가설.

◎ 영가설(귀무가설)

연구가설과 논리적으로 반대의 입장을 취하는 가설, 수집된 자료에서 나타난 차이나 관계가 우연에 의해 발생한 것으로 진술.

3) 변수의 수에 따른 분류: 1변수, 2변수, 다변수 가설

◎ 1변수 및 2변수 가설

가설에 포함되는 변수의 수가 1개, 2개인 가설.

◎ 다변수 가설

셋 이상의 변수를 갖는 가설.

3. 가설의 기능

1) 이론의 검증

이론에서 도출한 가설을 검증하여 그 이론을 검증.

2) 이론의 제시

가설 검증을 통해 이론을 구성.

사회현상의 기술

가설 검증을 통해 현상에 대한 정보를 얻게 됨.

부차적인 기능: 현실의 개선

가설 검증 결과 얻은 지식을 현실 개선을 위해 사용.

1. 산포도

◎ 산포도의 의미

평균이 같거나 비슷하다고 해도 자료의 분포상태는 차이가 남.

중앙경향값만 가지고는 자료의 분포상태를 나타낼 수 없음.

자료의 흩어진 정도(산포도)를 알아야 자료의 특성을 올바르게 표현 가능.

산포도가 클수록 자료들이 평균에서 멀리 퍼져 있고, 작을수록 평균 주위에 모여 있음.

산포도가 작을수록 자료의 분포는 평균을 중심으로 안정적이고, 산포도가 클수록 자료들 간의 차이가 심함.

표준편차, 분산, 변이계수, 표준점수 등.

◎ 표준편차(standard deviation)

등간척도와 비율척도로 측정된 변숫값의 산포도를 측정하는 데 가장 널리 사용.

표준편차는 산술평균에서 각 자료들의 값에 이르는 거리의 제곱을 평균하여 다시 제곱근을 구한 것.

$$s = \sqrt{\sum (x_i - X)^2 / n - 1}$$

◎ 분산(variance)

표준편차의 제곱

$$v = s^2 = \sum (x_i - X)^2 / n - 1$$

분산은 표준편차보다 이용도가 떨어짐.

변수 간의 관련성 분석이나 가설검증에서는 종속변수의 총분산 중에서 어느 정도가 독립변수에 의해 설명된 분산이고, 어느 정도가 설명되지 않는 분산인가를 따지게 됨.

분산분석과 회귀분석을 포함한 이변량 분석 및 다변량 분석에서는 종속변수의 분산에 대한 설명이 매우 중요.

2. 정규분포

◎ 정규분포(normal distribution)의 의의

가장 널리 쓰이며, 가장 중요한 분포

  일상적으로 관찰할 수 있는 시험성적, 몸무게, 키 등 많은 관찰치들의 분포는 종(鐘)모양으로서 정규분포와 유사한 모습을 가지는 경우가 많음.

  표본을 통한 통계적 추론 방법에 가장 중요한 역할.

  정규곡선의 모양은 평균과 분산에 의하여 결정됨.

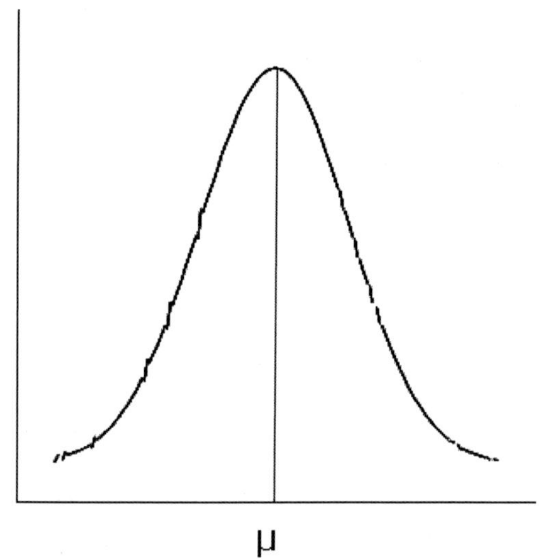

◎ 정규밀도함수의 특성

평균 μ를 중심으로 좌우대칭이며 종(鐘)모양.

정규곡선 아래와 x축 사이의 전체 면적은 1.

정규곡선은 x축에 무한대로 접근하므로 확률변수 x가 취할 수 있는 값의 범위는 $-\infty < x < +\infty$.

◎ 정규분포의 여러 모양

• 평균은 같으나 분산이 다른 경우=

$$\mu_1 = \mu_2$$

$$\sigma_1^2 > \sigma_2^2$$

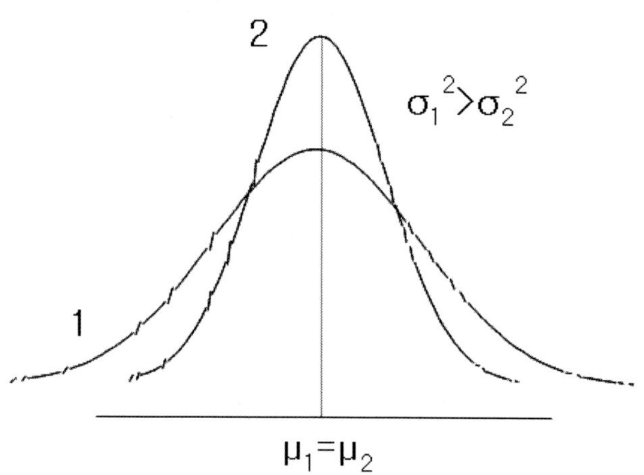

• 평균은 다르나 분산이 같은 경우=

$$\mu_1 < \mu_2$$

$$\sigma_1^2 = \sigma_2^2$$

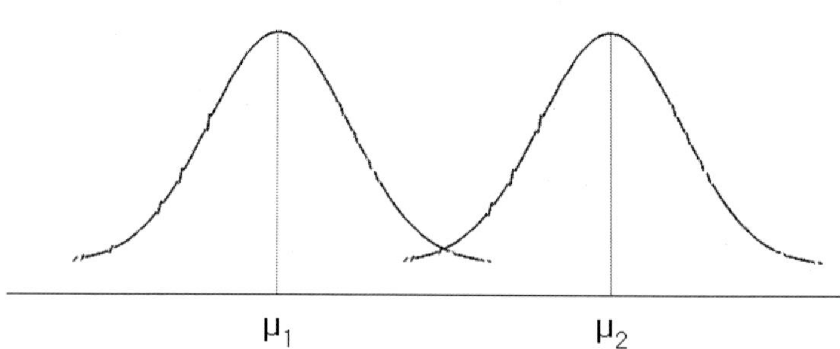

- 평균과 분산이 모두 다른 경우 =

  $\mu_1 < \mu_2$

  $\sigma_1^2 \neq \sigma_2^2$

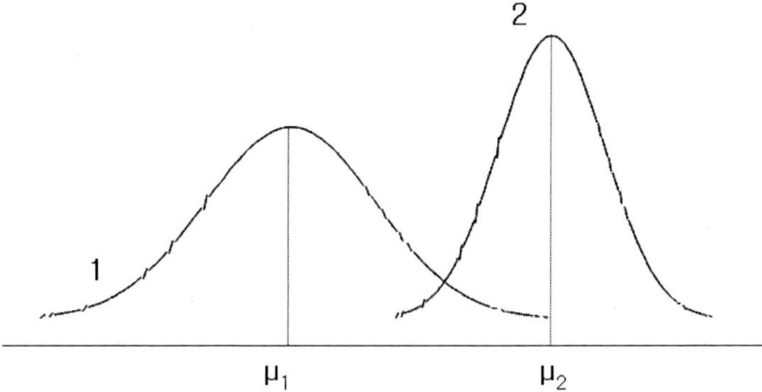

◎ 표준정규분포(standard normal distribution)

정규분포는 평균과 표준편차에 따라 여러 모양을 갖기 때문에 서로 다른 모양의 두 분포를 비교하거나 면적의 크기를 계산하여 확률을 알기가 어려움.

정규분포를 표준화하는 것이 필요.

- 자료를 표준화 하는 방법

▶ 평균 $\mu = 0$, 표준편차 $\sigma = 1$이 되도록 하는 것

표준화된 정규분포를 표준정규분포라고 함.

- 표준화된 정규분포 확률변수

$Z = (X - \mu) / \sigma$

X = 관찰치

μ = 분포의 평균

σ = 분포의 표준편차

► 확률변수 X의 관찰치가 그 분포의 평균으로부터 몇 표준편차 거리만큼 떨어져 있는가를 Z로 나타냄(Z분포라고도 함).

► 일반정규분포와 표준정규분포와의 관계

- 두 일반 정규분포는 모두 하나의 정규분포로 나타낼 수 있음.

- 두 종류의 일반 정규분포에서 각각의 평균으로부터 +1 표준편차 거리 내에 있는 망점으로 표시된 면적과 표준정규분포 $Z =$ [0, 1] 사이의 망점으로 표시된 면적은 각각 전체 면적에서 차지하는 비율이 모두 같음.

- 첫 번째 일반정규분포에서 30~50 사이의 면적 비율은 표준정규분포에서 0-1 사이의 면적 비율과 같음.

- 두 번째 일반 정규분포 사이에서도 30~32 사이의 면적 비율은 표준 정규분포에서 0~1 사이의 면적 비율과 같음.

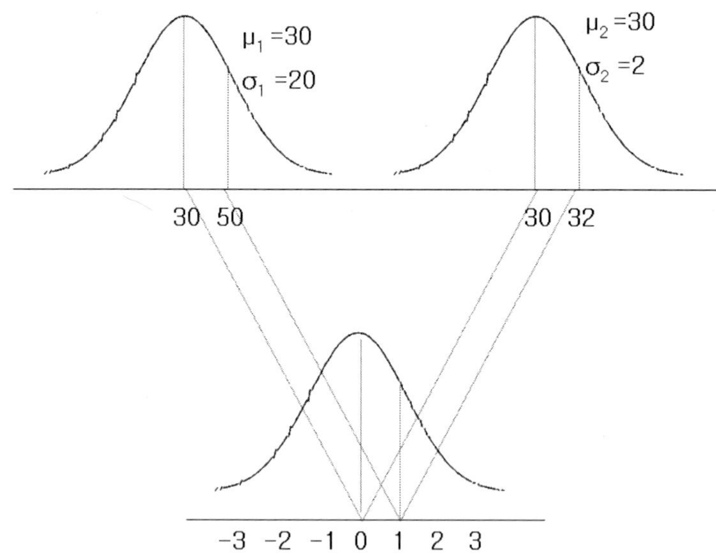

◎ 표준정규분포에서 확률

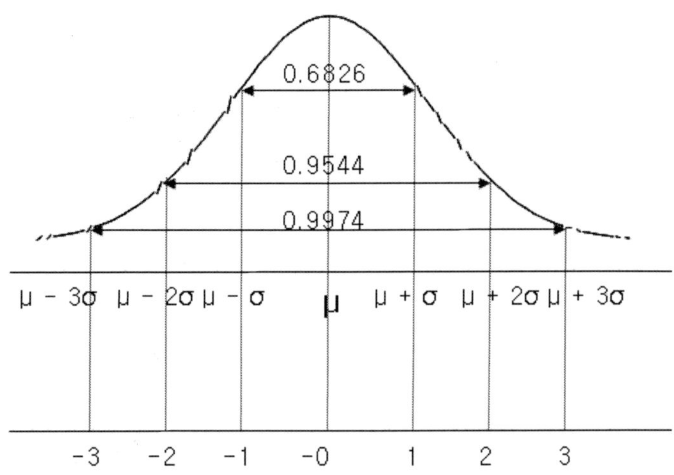

- 확률변수 X가 정규분포를 이룰 때 그 값이 평균에서 ±3σ 안에 있을 확률은 거의 1에 가까움
- 수집된 자료에서 관찰치들의 총개수 중에서 68.26%가 μ±1σ 안에 있어야 하며, 95.44%가 μ±2σ, 99.74%가 μ±3σ 안에 있어야 그 확률 변수는 정규분포를 이룬다 할 수 있음

▶ 응용

- 문제) 오산대 산업행정과 전산통계실무 수강생들의 점수는 평균이 80, 분산이 100인 정규분포를 따른다고 한다. 총 100명의 수강생 중에서 어떤 한 학생이 80점에서 85점 사이의 점수를 받았을 확률은 얼마인가?

- 풀이) $P(80 \leq X \leq 85)$

$= P(0 \leq (X - \mu)/\sigma \leq 0.5)$

$$= P(0 \leq Z \leq 0.5) = 0.1915$$

$$Z_1 = (X - \mu) / \sigma = (80 - 80) / 10 = 0$$

$$Z_2 = (X - \mu) / \sigma = (85 - 80) / 10 = 0.5$$

◎ 단일 모집단의 추론

모집단 평균의 추정

통계적 추정의 의의

– 표본의 특성을 분석함으로써 모집단의 특성을 추론하는 것

제6절 기존문헌 검토

1. 기존문헌 검토의 의의

- 연구주제가 결정되면, 그 주제와 직접 관련된 기존의 연구문헌을 철저하게 탐색하여 검토한 다음, 그러한 연구 결과의 연장 선상에서 연구를 진행.
- 기존연구의 극복, 발전 등.

2. 기존문헌 검토와 메타분석

1) 메타분석(meta – analysis)

동일한 연구문제에 관하여 방대하게 축적된 경험적인 연구논문들을 기반으로 하여, 그 논문들을 대상으로 분석하는 연구.

◎ Glass

- 1차 연구(Primary research)

  조사연구에서 원자료를 분석하는 연구.
- 2차 연구 간접조사(Secondary research)

  원래의 연구문제에 해답을 제공할 목적으로 좀 더 우수한 통계적 기법을 사용하여 1차 연구의 데이터를 재분석하거나, 옛자료를 가지고 새로운 연구문제의 해답을 찾고자 하는 것.
- 간접조사(Secondary research)

  여러 개의 분석결과들을 분석하는 것, 즉 여러 연구결과를 종합하여 일반적인 결론을 얻기 위해서 많은 수의 개별적인 연구결과를 대상으로 통계적인 분석을 실시하는 연구.

3. 기존문헌 검토의 목적 및 시기

1) 기존문헌 검토의 목적

연구자가 연구문제와 관련된 영역에서 현재까지 수행된 연구상

태를 파악하여 이를 자신의 연구문제 해결을 위한 종합적 준거기
준으로 사용하기 위한 것.

◎ Lang & Heiss의 기존 문헌 검토의 유용성
- 연구문제를 구체적으로 한정시킬 수 있음.
- 연구문제의 해결을 위한 새로운 접근방법을 알 수 있음.
- 조사설계에 있어서 잘못을 피할 수 있음.
- 연구수행에 관한 새로운 아이디어를 찾을 수 있음.
- 새로운 자료원에 접할 수 있음.

2) 기존문헌 검토의 시기

연구의 전 과정에 걸쳐서 수행.
연구의 시작 시점에서 철저한 문헌검토 실시 이유.
다른 연구자들의 실수나 경험을 배움.
자신의 답이 이미 나와 있을 수도 있음.
다른 연구자의 실수에 대한 극복방법을 알 수 있음.
기존문헌이 연구문제의 가장 중요한 자료원.

4. 개별 연구문헌의 검토기준

1) 기존문헌의 원천과 탐색방법

공공행정 및 정책분야의 국내외 학술지, 학위논문.

도서관 방문, Internet 검색을 통한 DB 검색.

2) 개별문헌의 검토기준

(1) 이론적 틀에 관한 항목

◎ 문제의 진술(Problem Statement)

• 문제가 해답을 구할 수 있도록 진술되었는가?

• 문제진술이 개방형이며 편견은 없는가?

• 문제진술에 중립적인 용어를 사용하였는가?

◎ 개념정의(Definitions)

• 개념이 구체적으로 정의되었는가?

• 개념정의가 연구의 전통에 기반을 두고 있는가?

• 개념정의가 동의어 반복적인 것은 아닌가?

◎ 문헌검토(Literature Review)

• 기존문헌 검토에 포함된 논문은 무엇인가?

• 자료 수집 이전에 기존문헌을 철저하게 검토하였는가?

(2) 방법에 관한 평가항목

◎ 관찰(Observation)

• 관찰에서 빠진 중요한 부분은 없는가?

• 관찰단계에서의 왜곡 가능성은 적절하게 통제되었는가?

• 관찰은 어떠한 맥락에서 이루어졌는가?

◎ 측정(Measurement)

- 측정에 사용된 조작적 정의는 적절한가?
- 연구자가 측정 도구가 허용하는 것 이상으로 섬세한 측정을 시도하지 않았는가?
- 측정의 신뢰도는 제시되었는가?

◎ 통제(Control)

- 연구 설계에서 제3변수 또는 대립적 가설에 의한 설명 가능성이 배제되었는가?
- 비교가 가능하도록 조사가 이루어졌는가?

◎ 일반화(Generality)

- 연구자는 어느 정도까지의 일반화를 원하는가?
- 연구 기간 동안 연구대상의 대표성은 유지되었는가?

(3) 결과 – 결론에 관한 질문

◎ 요약의 공정성(Fair Summaries)

- 요약은 공정하게 이루어졌는가?

◎ 해석(Interpretations)

- 중요한 부분이 해석에서 빠지지 않았는가?
- 모든 해석은 적절하게 이루어졌는가?
- 연구자는 제기한 문제에 해답을 제시했는가?
- 연구결과의 해석은 인용한 연구문헌의 내용과 일관성이 있는가?

◎ 설명(Explanations)

- 연구문제에 대한 지식에 비추어 볼 때 연구자의 설명은 수긍할 만한가?

◎ 추론(Inferences)

- 통계적 추론에 오류는 없는가?
- 만약 신뢰수준이 제시되었다면, 그 신뢰수준은 받아들일 만한가?
- 연구 결론의 중요성은 어느 정도인가?

5. 기존문헌 검토결과의 기술

1) 전통적 방법에 의한 기존문헌 검토의 문제점

◎ 기존문헌 검토결과 기술의 전통적 방법의 문제점(Wolf)

- 검토자가 기존문헌을 선정할 때 연구문헌의 질에 대한 주관적 판단에 따라 자의적으로 선정하는 경향
- 검토자의 주관에 따라 일련의 연구결과 중 특정연구에 대하여 가중치를 부여하는 경향
- 연구결과를 잘못 해석하는 경향
- 여러 연구에서 연구결과가 서로 다르게 나온 경우, 그 이유는 연구의 특징이 다르기 때문인 경우가 많은데 이를 고려하지 않은 경향

2) 기존문헌 검토결과의 기술방법

(1) 과학적 검토 필요성

과학을 지식과 정보의 축적 과정이라고 볼 수 있다면 유사한 연구문제를 다룬 연구문헌들을 대상으로 타당성이 높은 검토방법을 사용하여 이들을 검토한 다음 그 결과를 종합.

(2) 과학적 기술방법

관련문헌을 비판적으로 검토한 후, 그 결과를 제시.

이들 연구문헌이 본인의 연구문제, 가설 또는 질문, 그리고 연구절차와 어떻게 관련이 있는지 제시.

관련 연구들을 개괄적으로 분류(공통 주제별, 시대별 등).

다른 연구자들이 유사한 문제를 연구했거나, 유사한 기법을 사용했거나, 유사한 결론에 도달한 경우에는 그들의 연구결과를 통합시키려고 노력.

검토한 모든 연구문헌의 내용 및 방법에 관하여 소결론을 내리고 그 결론이 자신의 연구과제에 어떻게 관련되는지를 간략하게 요약.

3) 상충되는 연구결과의 검토 및 기술 방법

(1) 연구결과와 연구특성 간의 관계 검토

◎ 연구결과와 연구특성 간의 관계 검토
　　상충되는 연구결과가 나타날 때,
• 왜 연구결과에 차이가 났는지를 체계적으로 검토→이유 파악

- 각 연구의 상황적 특성에 따라 연구결과가 달라질 수 있음

◎ 개념적 준거틀의 특성 및 개념정의 방법
- 개념적 준거틀의 구성방법에 따라 연구결과가 달라질 수 있음
- '공무원의 직무만족에 관한 연구'에서 직무만족을 정의하는 방법과 측정 도구가 서로 다를 경우 결과가 다르게 나올 수 있음

◎ 표본 및 연구대상의 특성
- '공무원 사기 결정요인에 관한 연구'에서 상위직 / 하위직, 중앙 / 지방, 대민업무 / 기획업무에 따라 결과가 달라질 수 있음

◎ 조사설계의 특성
- '과외가 수능성적에 미치는 효과'에 관한 연구에서 외재적 변수의 영향을 적절하게 통제하는지 아닌지에 따라 달라짐

◎ 연구자의 특성
- 연구자의 전공, 성별, 연령 등 특성에 따라 다른 결과

◎ 조절변수의 확인
- 조절변수: 다른 두 변수 간의 관계를 강화시키거나 약화시키는 변수
- '공연장에 관중이 많을 때와 없을 때를 비교하여 공연 성과를 연구한 논문'
⇒ 관중이 많을 경우 성과가 더 좋아지는 효과(다수).
⇒ 관중이 많을 경우 성과가 나빠지는 효과(몇몇의 경우).
⇒ 검토결과: 공연의 내용이 쉬운지 어려운지에 따라 성과의 좋

음과 나쁨이 나타남.

⇒ 즉, 관중의 많고 적음의 여부가 공연성과에 미치는 영향은 공
연의 난이도에 따라 달라짐.

제7절 메타분석

1. 메타분석의 개념

◎ 분석들의 분석

개별 연구결과들을 종합할 목적으로 다수의 개별적 연구결과들
을 통계적 방법을 사용하여 분석하는 것.

◎ 메타분석의 특징(Glass)

• 개량적: 요약통계를 사용
• 효과의 크기를 계산하기 위해 서로 상이한 연구를 종합
• 메타분석을 통해 일반적 결론을 도출
  : 일정 수의 연구결과들이 일관성이 있는 효과를 나타내면 일반화

2. 메타분석의 필요성

단일주제에 관해 상반되는 결론이나 논쟁이 존재하는 경우 이를
해결하기 위해 보다 신뢰할 수 있고 타당성 있는 결론을 내려야 할

필요가 있는 경우에 사용한다.

현장으로부터의 원시자료를 수집할 만한 시간이 없거나, 경비와 노력의 절감이 요구되는 상황에서 신속하게 문제를 해결해야 할 때 그리고 체계적으로 압축된 지식 또는 정보들을 필요로 할 때 사용한다.

3. 분석이론

연구결과와 연구특성 간의 관계 검토

1) 효과의 크기

메타분석의 핵심: 기존의 연구결과에서 효과의 크기를 계산하는 방법

각기 다른 통계학적 방법을 사용한 연구 결과들을 수량적으로 통합하고자 할 때 다양한 연구결과를 의미 있게 비교할 수 있도록 하나의 공통 척도로 나타내고자 하는 것이다.

분석대상이 되는 다양한 형태의 선행연구 결과들을 통합 혹은 비교가 가능하도록 공통의 단위로 변환시켜 놓은 것이다.

2) 메타분석의 장점

통계적 방법으로 가설을 검증할 수 있으므로 보다 강력한 결론에 도달할 수 있다.

개별 연구의 표본을 종합하여 좀 더 큰 표본을 가지고 가설을 검증하므로 통계적 검증의 오류 가능성이 작아진다.

효과의 크기를 좀 더 정확하게 추정할 수 있다.

관심 있는 두 변수 사이에 존재하는 관계의 양상을 잘 파악할 수 있다.

상충하는 연구결과가 있을 때 그 원인이 어디에 있는지 살펴볼 수 있는 기회가 존재한다.

3) 메타분석의 단점

마치 사과와 오렌지를 한데 섞는 것과 같이 메타분석에서는 서로 비교할 수 없는 다른 성질의 연구 결과들을 종합하려는 데에 문제가 있다.

소위 '우수한' 연구와 '열등한' 연구결과를 구별하지 않고 그대로 종합하는 문제가 있다.

종합대상이 되는 연구결과를 수집할 때 보통 출판된 연구만을 표본 추출대상으로 하기 때문에 연구물 표본추출의 대표성이 문제이다.

1. 산포도

◎ 산포도의 의미

평균이 같거나 비슷하다고 해도 자료의 분포상태는 차이가 난다.

중앙경향값만 가지고는 자료의 분포상태를 나타낼 수 없다.

자료의 흩어진 정도(산포도)를 알아야 자료의 특성을 올바르게 표현 가능하다.

산포도가 클수록 자료들이 평균에서 멀리 퍼져 있고, 작을수록 평균 주위에 모여 있다.

산포도가 작을수록 자료의 분포는 평균을 중심으로 안정적이고, 산포도가 클수록 자료들 간의 차이가 심하다.

표준편차, 분산, 변이계수, 표준점수 등.

◎ 표준편차(standard deviation)

등간척도와 비율척도로 측정된 변숫값의 산포도를 측정하는 데 가장 널리 사용.

표준편차는 산술평균에서 각 자료들의 값에 이르는 거리의 제곱을 평균하여 다시 제곱근을 구한 것.

$$s = \sqrt{\sum (x_i - X)^2 / n - 1}$$

◎ 분산(variance)

표준편차의 제곱

$$v = s^2 = \sum (x_i - X)^2 / n - 1$$

분산은 표준편차보다 이용도가 떨어짐.

변수 간의 관련성 분석이나 가설검증에서는 종속변수의 총분산 중에서 어느 정도가 독립변수에 의해 설명된 분산이고, 어느 정도가 설명되지 않는 분산인가를 따지게 됨.

분산분석과 회귀분석을 포함한 이변량 분석 및 다변량 분석에서는 종속변수의 분산에 대한 설명이 매우 중요함.

2. 정규분포

◎ 정규분포(normal distribution)의 의의

가장 널리 쓰이며, 가장 중요한 분포

일상적으로 관찰할 수 있는 시험성적, 몸무게, 키 등 많은 관찰치들의 분포는 종(鐘)모양으로서 정규분포와 유사한 모습을 가지는 경우가 많다.

표본을 통한 통계적 추론 방법에 가장 중요한 역할이다.

정규곡선의 모양은 평균과 분산에 의하여 결정된다.

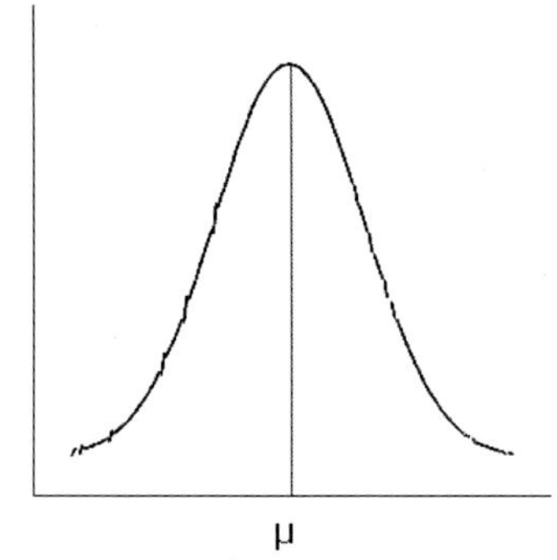

◎ 정규밀도함수의 특성

평균 μ를 중심으로 좌우대칭이며 종(鐘)모양.

정규곡선 아래와 x축 사이의 전체 면적은 1.

정규곡선은 x축에 무한대로 접근하므로 확률변수 x가 취할 수 있는 값의 범위는 $-\infty < x < +\infty$.

◎ 정규분포의 여러 모양

• 평균은 같으나 분산이 다른 경우=

$$\mu_1 = \mu_2$$

$$\sigma_1^2 > \sigma_2^2$$

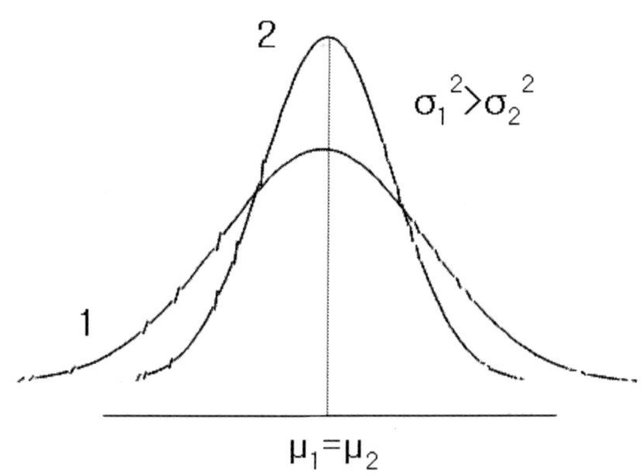

• 평균은 다르나 분산이 같은 경우=

$$\mu_1 < \mu_2$$

$$\sigma_1^2 = \sigma_2^2$$

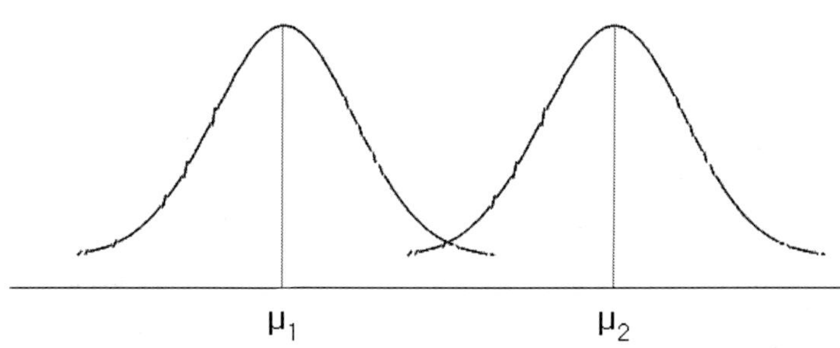

• 평균과 분산이 모두 다른 경우

$\mu_1 < \mu_2$

$\sigma_1^2 \neq \sigma_2^2$

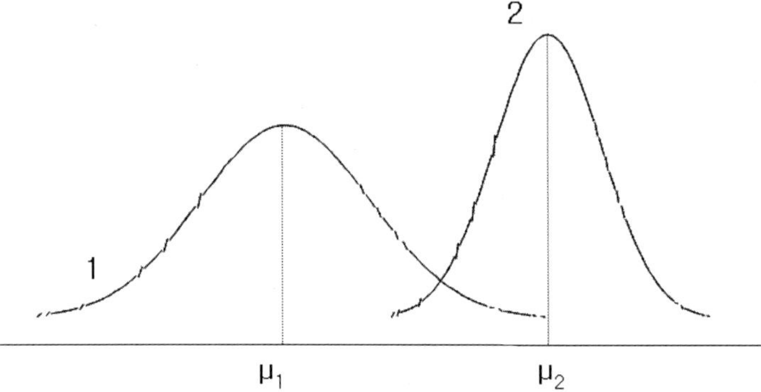

◎ 표준정규분포(standard normal distribution)

정규분포는 평균과 표준편차에 따라 여러 모양을 갖기 때문에 서로 다른 모양의 두 분포를 비교하거나 면적의 크기를 계산하여 확률을 알기가 어렵다.

정규분포를 표준화하는 것이 필요하다.

• 자료를 표준화하는 방법

▶ 평균 $\mu = 0$, 표준편차 $\sigma = 1$이 되도록 하는 것이다.

표준화된 정규분포를 표준정규분포라고 한다.

• 표준화된 정규분포 확률변수

$Z = (X - \mu)/\sigma$

$X = $ 관찰치

$\mu = $ 분포의 평균

$\sigma = $ 분포의 표준편차

► 확률변수 X의 관찰치가 그 분포의 평균으로부터 몇 표준편차 거리만큼 떨어져 있는가를 Z로 나타냄(Z분포라고도 함) 일반정규분포와 표준정규분포와의 관계

► 두 일반 정규분포는 모두 하나의 정규분포로 나타낼 수 있음

► 두 종류의 일반 정규분포에서 각각의 평균으로부터 +1 표준편차 거리 내에 있는 망점으로 표시된 면적과 표준정규분포 Z= [0, 1] 사이의 망점으로 표시된 면적은 각각 전체 면적에서 차지하는 비율이 모두 같음

► 첫 번째 일반정규분포에서 30~50 사이의 면적 비율은 표준정규분포에서 0~1 사이의 면적 비율과 같음

► 두 번째 일반 정규분포 사이에서도 30~32 사이의 면적 비율은 표준 정규분포에서 0~1 사이의 면적 비율과 같음

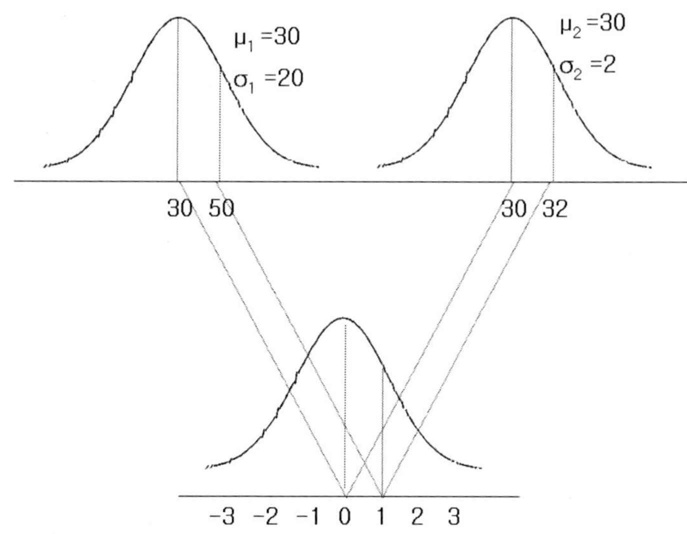

◎ 표준정규분포에서 확률

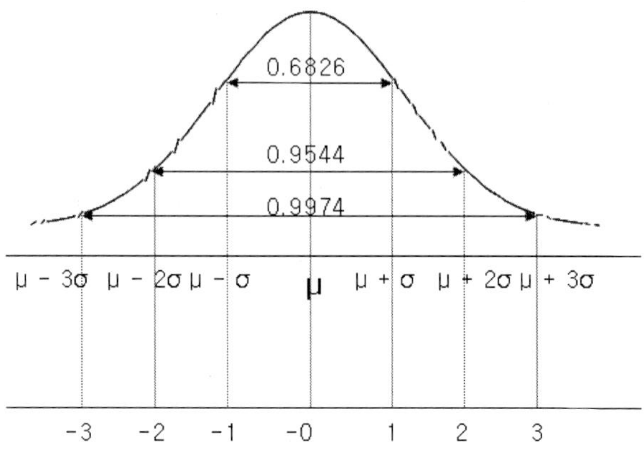

► 확률변수 X가 정규분포를 이룰 때 그 값이 평균에서 ±3σ 안
에 있을 확률은 거의 1에 가까움

► 수집된 자료에서 관찰치들의 총개수 중에서 68.26%가 μ±1σ
안에 있어야 하며, 95.44%가 μ±2σ, 99.74%가 μ±3σ 안에 있
어야 그 확률 변수는 정규분포를 이룬다 할 수 있음

► 문제) 오산대 산업행정과 전산통계실무 수강생들의 점수는 평
균이 80, 분산이 100인 정규분포를 따른다고 한다. 총 100명
의 수강생 중에서 어떤 한 학생이 80점에서 85점 사이의 점
수를 받았을 확률은 얼마인가?

► 풀이) $P(80 \leq X \leq 85)$

$= P(0 \leq (X - \mu)/\sigma \leq 0.5)$

$= P(0 \leq Z \leq 0.5) = 0.1915$

$$Z_1 = (X - \mu)/\sigma = (80 - 80)/10 = 0$$

$$Z_2 = (X - \mu)/\sigma = (85 - 80)/10 = 0.5$$

3. 표본조사와 표본분포

◎ 표본조사

모집단으로부터 표본을 추출하여 표본의 특성을 조사하고 모집단의 특성을 주정하는 것.

◎ 오차의 종류

• 표본오차

► 모집단의 일부를 선택하여 모수를 추정하기 때문에 생기는 오차

► 표본추출에서 우연적 요인에 의하여 생기는 통계량과 모수 사이의 오차

► 표본의 크기를 증가시킴으로 오차를 줄일 수 있음

• 비표본오차

► 표본선택이 잘못된 것이 아니라 표본의 특성을 관찰하는 방법이 부정확해서 발생하는 오차(측정 오차: 몸무게 측정 시 체중계 고장)

► 표본의 성격을 잘못 관찰해서 생기는 측정 오차

► 대상 모집단을 충분히 대표하는 표본을 선택함으로써 줄일 수 있음

◎ 표본분포

모집단에서 일정한 크기(n)로 표본을 모두(k개) 뽑았을 때, 그 확률 표본 X_1, X_2, ……X_k의 분포를 말함.

통계량의 확률분포를 의미.

◎ 평균의 표본분포

모집단에서 일정한 크기(n)로 표본 k개를 뽑아서 각 표본의 평균을 계산하였을 때 표본평균 X_1, X_2, ……X_k의 분포를 말함.

◎ 평균의 표본분포의 기대치와 분산

기대치(표본평균): $\mu x = \mu$

분산(표본평균의 분산): $\sigma x^2 = \sigma^2/n$

어느 회사에서 100명의 종업원이 일하고 있다. 이들의 근무연수를 조사하였더니 평균이 10년 분산이 16년이었다. 이들 중에서 n = 4로 하여 가능한 한 모든 표본을 뽑았을 때 이 표본분포의 평균과 분산은 각각 얼마인가?

$\mu = 10$, $\sigma^2 = 16$, $n = 4$

$\mu x = 10$년, $\sigma x^2 = 16/4 = 4$년

◎ 평균의 표준오차

표본평균의 분산에 제곱근을 취하면 표준편차가 된다. 이 표준편차를 평균의 표준오차(σx)라고 한다.

$\sigma x = \sqrt{\sigma^2/n} = \sigma/\sqrt{n}$

☞ 평균의 표준오차는 모집단의 분산과 표본의 크기 n에 의해서 결정됨

◎ 모집단분포와 평균의 표본분포

• 모집단이 정규분포일 때

► 평균의 표본분포는 표본크기 n에 관계없이 언제나 정규분포를
이룸

► 표본분포의 평균은 모집단의 평균과 일치

► 표본분포의 분산은 모집단의 분산을 표본크기 n으로 나눈 것
과 같음

• 모집단이 정규분포가 아닐 때

► 표본(n)의 수가 30 이상일 때 모집단의 본포 특징에 관계없이
표본분포는 정규분포를 보임(중심극한의 정리)

4. 단일 모집단의 추론

1) 모수 추정

◎ 추정

► 연구자가 관심 있는 모수에 대해 알고 있는 지식이 거의 없는
환경에서 "모수값은 얼마인가?"라고 묻고, 이 질문에 답하는 것.

► 예) 우리나라 어느 특정 지역의 한 가구당 평균 소들을 조사
하는 경우.

◎ 가설검증

► 모수에 대하여 약간의 지식을 가지고서, 특정 가설을 세운 후
에 표본에서 계산된 통계량을 기초로 하여 "모수는 특정한 값

과 일치하는가?"라는 가설의 채택 여부를 결정하는 것.

► 예) 어느 회사에서 새로운 약을 개발하였을 때 그 약의 효과
를 검정하려면 세계적으로 이미 통용되는 기준치와 비교.

2) 모집단 평균의 추정

◎ 통계적 추정의 의의

► 표본의 특성을 분석함으로써 모집단의 특성을 추론하는 것.

► 통계량을 통하여 모수를 추정하는 것.

◎ 구간추정

► 신뢰구간
모수의 진정한 값이 포함되는 것을 기대하는 추정치를 범위로
나타낸 것.

► 통계량을 통하여 모수를 추정하는 것.

3) 모집단의 분산(σ^2)을 알고 있는 경우의 모집단 평균추정

◎ 크기 n인 평균의 표본분포
$X \sim N(\mu,\ \sigma^2/n)$의 표준정규분포는
$(X - \mu)/\sigma/\sqrt{n}$

► 신뢰구간
$[X - Z_{\alpha/2} \cdot \sigma/\sqrt{n},\ X + Z_{\sigma/\sqrt{n}} \cdot \sigma/\sqrt{n}]$

4) 모집단의 분산(σ^2)을 모르고 있는 경우의 모집단 평균추정

◎ 대집단인 경우

► 표본에서 구한 분산(S^2)을 모집단 분산(σ^2) 대신 사용

$$S^2 = \sqrt{\frac{\sum (X_i - \overline{X})^2}{n-1}}$$

► 신뢰구간

$$\overline{X} \pm Z_{\frac{\alpha}{2}} \cdot \frac{S}{\sqrt{2}}$$

◎ 소집단인 경우

► t분포

⇒ 종모양의 대칭 분포로 자유도(df)에 따라 모양이 결정됨

⇒ 자유도는 표본크기 n에서 1을 뺀 것(표본크기가 10이면 자유
도는 $10 - 1 = 9$)

⇒ t통계량

$$T_{(n-1)} = \frac{\overline{X} - \mu}{\dfrac{S}{\sqrt{n}}}$$

► 신뢰구간

$$\overline{X} \pm t\left(\frac{\alpha}{2}, n-1\right) \cdot \frac{S}{\sqrt{n}}$$

Ⅰ. 기술적 조사연구의 개념 및 유형

1. 기술적 조사연구의 개념과 특징

1) 기술적 조사연구

☞ 현상을 정확하게 기술하는 것이 주목적.

☞ 기술적 질문, 비교형 질문, 관계형 질문 중 상관관계형 질문
　에 대한 답변.

2) 자료의 정확성

기술적 연구에서 가장 중요하게 고려해야 할 사항.

2. 기술적 조사연구의 유형

1) 지역사회 구성원과 지역사회의 특징에 관한 연구

지역사회 구성원 특징에 관한 연구.

지역사회 구성원의 연령분포, 육체적 및 정신적 건강상태, 교육
정도

지역사회의 특징에 관한 연구.

지역사회가 보유하고 있는 각종 시설 및 그 활용상태(양로원, 고
아원, 도서관, 체육관의 수 및 활용정도에 과한 연구).

2) 특정 행태 또는 태도를 보이는 사람들의 비율에 관한 연구

인구 억제 정책의 도구로서 낙태를 찬성하는 사람의 비율은?
핵전쟁이 일어날 것으로 믿는 사람의 비율은?
사형제도가 폐지되어야 한다고 믿는 사람의 비율은?

3) 미래 일정 시점에서 구체적인 상황을 예측하기 위한 연구

얼마나 많은 사람이 특정후보에게 투표할 것인가?
일정 기간 동안 신모델의 자동차가 어느 정도 팔릴 것인가?

4) 어떤 변수들 간에 상관관계가 있는지를 알고자 하거나 검증하기 위한 연구

가톨릭 신자가 개신교 신자보다 야당 지지율이 높은가?
독서 시간이 많은 사람이 극장에도 자주 가는가?
여자아이들이 남자아이들보다 말을 빨리 배우는가?

3. 기술적 조사설계의 유형

1) 설계방식에 따라 분류

횡단면적 설계
내용 분석 설계
☞ 미래예측 설계

Ⅱ. 횡단면적 조사설계

1. 횡단면적 설계의 개념과 단계

1) 횡단면적 설계의 개념

일정한 시점을 기준으로 모든 관련 변수에 대한 자료를 수집하는 설계 방법

수집된 자료가 일정 시점에서의 한 집단 또는 사례들의 특징을 나타냄

일정한 시점에서 포착한 사실을 묘사하기 때문에 다른 시점에서는 상황이 크게 달라질 가능성이 존재

횡단면적 설계의 연구대상 조건

◎ 연구대상이 지리적으로 넓게 분포

◎ 연구대상의 수가 많음

◎ 많은 변수에 관한 자료를 수집해야 할 필요성이 클 경우

⇒ 한 조건만 충족되어도 횡단면적 설계 사용가능

2) 횡단면적 설계의 단계

(1) 개념적 준거틀 구성

◎ 횡단면적 조사설계를 선택하기로 결정했다면 연구의 개념적 준거틀을 구성

◎ 개념적 준거틀이 연구범위를 한정하므로 이 과정에서 조사범위가 정해짐

변수들의 개념적 정의와 조작적 정의

◎ 연구에 포함된 변수들의 개념적 정의와 조작적 정의를 통하여 어떻게 측정할 것인지를 결정

(2) 자료수집

◎ 자료수집의 대상과 자료수집방법 결정

◎ 횡단면적 조사설계에서는 서베이(survey) 및 이에 준하는 기법이 사용

◎ 서베이 조사

• 구조화된 설문서를 자료수집방법으로 사용

• 다수의 응답자를 표본으로 추출하여 조사

• 응답결과를 통계분석방법을 적용하여 분석

◎ 서베이에 준하는 자료수집방법

• 여러 가지 자료원에서 횡단면적 통계자료, 즉 2차 자료를 수집하는 경우

• 교통사고 사망률과 관계되는 요인들에 관한 자료수집을 위하여 각 지방에서의 교통사고 사망자 수, 도로 상황, 교통밀도, 여러 가지 교통범죄자 수 및 벌금액 등의 자료를 수집

(3) 자료분석 및 해석

◎ 변수에 대한 분석 및 변수들 간의 관계를 검토하기 위하여 통

계적인 분석방법 사용

◎ 현황 조사

• 횡단면적 자료를 가지고 단일변수에 대해 정확하게 기술하는
  것이 주목적

• 단일변량 분석

  : 하나의 속성 또는 변수의 분포를 기술하는 것

• 다변량 분석

  둘 또는 그 이상의 속성 또는 변수들 간의 동시적 분포를 기술

◎ 상관적 연구 조사

  둘 이상의 변수 간의 관련성을 파악하기 위한 연구

2. 횡단면적 조사의 유형

1) 현황조사

어떤 사건과 관련된 상태나 상황을 정확하게 파악하여 기술하는
것을 주목적으로 함.
"~~은 얼마나 많은가?", "~~은 얼마나 효과적인가?" 등
여론조사, 시장조사, 지역사회 서베이, 직무분석 등

(1) 자료 수집

◎ 질문서

◎ 면접

◎ 각종 통계연감

　위험성

◎ 그 결과를 접한 사람들이 잘못 해석할 위험

2) 상관적 연구

어떤 변수와 다른 변수 간의 관련성을 파악하기 위한 연구
"～～의 관련요인의 연구" 등
둘 또는 그 이상의 변수들 간의 관계를 상관계수의 계산을 통하
여 확인
인과적 연구(설명적 연구)와 엄격하게 구분
상관적 연구로는 변수 간의 인과적 관계를 증명할 수 없음

Ⅲ. 내용분석의 설계

1. 내용분석의 의미

1) 신문기사 또는 TV 프로그램 등 하나의 커뮤니케이션에 담긴
　　총체적 내용을 연구의 관심과 관련된 특징을 나타내는 몇 개
　　의 범주로 축소하는 것

2) 사회과학분야에서의 내용분석
　　누구든지 동일한 방법을 사용하면 같은 결과를 가져올 수 있

다는 의미의 객관적 분석방법으로 그 결과를 가능하면 통계적
으로 처리하는 기법

2. 내용분석의 절차와 방법

1) 연구문제의 형성

일반 조사설계와 동일

2) 모집단 규정과 표본추출

연구의 원천이 될 수 있는 자료의 종류와 범위 확정
표본추출에 관한 모든 원칙이 일반 조사설계와 동일

3) 내용의 분류범주 설정

내용의 분류범주를 어떻게 설정하느냐가 연구의 질을 좌우
커뮤니케이션 내용의 분류범주는 계량적 연구에서의 변수에 해당
모든 분류대상을 총망라
분류범주 간에는 상호 배타적
범주들이 연구문제의 성격을 실질적으로 적절하게 반영
분류체계가 일관성

◎ 범주의 유형
• 주제범주

► 내용분석에서 가장 많이 사용
► 문헌의 내용과 성격을 분석하기 위해 사용
• 방향범주
► 사람의 태도, 가치 등을 연구할 때 사용
• 가치범주
► 메시지에 나타난 가치관, 목적 등을 분석하기 위해 사용
• 목적과 수단 범주
► 메시지가 전제하고 있는 목적과 이 목적 추구를 위한 수단에
  관한 것을 분석하기 위해 사용

4) 분석단위 선정

분석단위: 코딩 또는 기록을 위한 단위
작은 분석 단위가 큰 단위보다 높은 신뢰도를 확보할 수 있음
작은 분석단위가 부호화 작업을 수행하기가 용이
내용분석에 가장 널리 사용되고 있는 분석단위는 개별단어
⇒ 메시지의 의미를 충분히 끌어 내지 못하는 경우 발생
⇒ 맥락단위, 즉 문장, 문단, 전체 문서를 분석 단위로 설정

5) 집계방법 결정

내용분석의 자료를 계량화하는 방법, 즉 집계방법을 결정

◎ 공간 - 시간 측정
• 초창기 신문의 내용분석에서 사용되었던 방법

- 특정 기사의 신문지면상의 차지 비율, 기사 제목의 크기 측정
  을 통한 중요성 정도 판단

◎ 속성의 출현 여부

- 분석단위가 되는 자료에서 연구자가 찾고자 하는 현상의 특정
  속성을 나타내는 내용의 유무 또는 출현 여부만을 따져 출현
  하는 분석단위의 수를 세는 방법

◎ 빈도 측정

- 내용분석에서 가장 일반적으로 사용되는 집계방법
- 분석대상에서 특정 단어나 범주가 나타나는 횟수를 측정
  강도 측정
- 메시지가 지향하는 방향에 있어서의 크기 또는 중요성의 정도

6) 코더 간 신뢰도 점검

둘 이상의 코더들이 같은 내용을 동일 범주를 상용하여 집계하
도록 한 다음, 두 코더의 집계결과 사이의 일치도를 측정하는 방법
으로 계산

Ⅳ. 미래예측 설계

1. 미래의 유형과 미래예측의 방법

1) 미래의 유형

◎ 잠재적 미래(potential future)

실제로 발생하는 미래의 사회상태가 아니라 단순히 발생 가
능한 미래의 사회상태

◎ 개연적 미래(plausible future)

만약 정책결정자가 방향전환을 시도하지 않는다면 자연히 도달
하게 될 가능성이 가장 큰 미래상태(인구증가 추세가 계속되고
인구정책의 변화가 없을 경우 2010년에는 5,000만 명이 된다)

◎ 규범적 미래(normative future)

정책결정자 집단이 그렇게 되는 것이 바람직하다고 생각하는
미래

2) 미래예측의 방법

◎ 양적 방법(quantitative method)

시계열 자료에 대한 계량적 분석을 토대로 예측

◎ 질적 방법(qualitiative method)

전문가의 주관적 판단에 의존하여 예측

2. 양적 방법에 의한 미래예측

1) 양적방법과 시계열 설계

◎ 단일변수의 미래상태에 대한 예측

　변수 간 관련성 분석을 통한 미래상태 예측

　⇒ 설명적 조사설계 활용

◎ 시계열 설계와 미래예측

• 시계열 설계

► 일정한 시간 간격을 두고 수집한 자료를 분석하는 조사설계

► 종단적 설계(소비자물가지수, 실업률, 범죄율, 사망률, 출생률 등)

► 시간을 두고 변화를 기술하거나, 추세를 추적하거나, 미래의
추세를 예측하고자 하는 경우 사용

► 과거에 발생하였거나 미래의 일정 시점에서 발생 가능한 상태
를 정확하게 기술하기 위함

• 미래예측

► 기존의 정보를 토대로 미래의 사회상태에 관한 사실적 정보를
산출하는 절차

2) 시계열 자료 추세연장기법의 의의

과거 및 현재에 대한 역사적 자료를 토대로 미래의 사회적 변화
를 투사할 수 있게 해 주는 절차

3) 추세연장법의 기본가정

지속성

규칙성

자료의 신뢰성과 타당성

4) 전통적인 시계열 분석

◎ 계속적 경향

시계열 자료의 장기적인 성장 또는 감퇴경향

◎ 계절적 변동

1년 정도의 기간을 주기로 나타나는 시계열 상의 변동(전력
소비량 - 여름)

◎ 순환적 파동

주기적이지만 그 기간의 폭이 예측할 수 없을 정도로 긴 경우

◎ 불규칙변화

전혀 예측할 수 없는 변동으로 어떤 규칙적인 유형이 없는 경우

5) 최소자승경향 추정

직선적 경향에 따라 미래추세를 예측하는 방법 중에서 가장 정
확한 방법

현재까지의 경험적인 자료에 대한 통계분석을 바탕으로 미래상
태 예측

6) 비선형 시계열

진동

순환

성장곡선

쇠퇴

재난

3. 질적 방법에 의한 미래예측

1) 브레인스토밍

Osborn이 창안

문제 해결 방안을 고안하는 과정에서의 창의성을 향상시키기 위한 수단으로 고안

집단적 토의 통해 미래예측

브레인스토밍의 절차

◎ 브레인스토밍의 집단 구성

• 연구문제와 관련된 상황에 대해 특별한 지식이 있는 사람 선발

• 전문가뿐만 아니라 독창성 있는 사람, 정책으로부터 영향을 받게 되는 관련자 포함

• 5~12명의 소규모

◎ 아이디어 개발

• 미래에 발생할 가능성이 있는 사건들의 목록 작성

• 가능한 한 개방적인 분위기를 유지하여 창의적인 아이디어가
많이 나올 수 있도록 함

◎ 아이디어 평가

• 사건 목록 중에서 중요한 사건, 그 사건이 발생할 확률이 어느
정도인지에 대해 판단

2) 델파이 기법

☞ 미국 랜드연구소 개발(1948년)

☞ 토론에서 발생하는 여러 가지 왜곡된 의사전달의 원천을 제
거하기 위해 고안

기본원칙

◎ 익명성

◎ 반복

◎ 통제된 환류

◎ 응답의 통계처리

◎ 전문가 합의

3) 정책 델파이 기법

델파이 기법의 한계점을 극복하여 정책문제의 복잡성에 맞는 새
로운 절차를 만들어 내려는 시도로 창안

반복과 통제된 환류라는 전통적 델파이의 두 원칙에 기초를 두
고 새로운 원칙을 추가

정책델파이의 특징

◎ 선택적 익명성

초기단계에만 익명으로 응답하고 추후에 공개적인 토론

◎ 식견 있는 다수의 창도

참가자 선발은 전문성보다는 이해관계와 식견이라는 기준에 바탕

◎ 양극화된 통계처리

개인 간 또는 집단 간의 차이를 나타내는 여러 가지 수치를
사용

◎ 구성된 갈등

참여자 간의 갈등이 정책이슈에 내재된 정상적이라는 가정에
입각하여, 대안과 결과를 창조적으로 탐색

정책델파이의 일반적 절차

◎ 1단계: 이슈의 구체화

참여자들이 검토하여야 할 구체적 이슈를 결정

◎ 2단계: 참여자 선정

여러 입장을 대변하는 참여자 집단을 선발하기 위해 분명한
표본추출절차를 이용

• 누적표본추출방법이 적절

- 연구자가 우선 해당 이슈영역에서 영향력이 있다고 알려진 한
사람의 참여자를 찾아내고 그 사람에게 자신의 입장에 가장
가깝게 동의하는 사람과 가장 반대하는 사람을 각각 하나씩
선정하도록 요청

- 선정된 두 사람에게 같은 방법으로 두 사람씩 선정하도록 요
청하고 반복

－ 10명 ~ 30명

◎ 3단계: 질문지 설계

여러 번 진행되기 때문에 각 질문지에 어떤 항목들이 포함되

어야 하는지를 결정

◎ 4단계: 1차 응답결과 분석

응답자의 결과를 분석하고 2차 질문지에 요약

◎ 5단계: 후속질문지 개발

3 ~ 5회 진행

◎ 6단계: 회의 소집

면대면 토론

◎ 7단계: 최종보고서 작성

제8절 질적 연구의 조사설계

1. 질적 연구의 개념과 목적

1) 질적 연구의 개념

(1) 사회현상에 관한 자료를 수집하기 위하여 사용되는 일련의
비통계적인 탐구기법과 과정.

(2) 질적 자료를 활용하여 단순히 사건과 현상을 기술하는 데 그
치는 것이 아니라, 이해하고, 주관적으로 해석하며, 비판적으
로 분석하는 것.

2) 질적 연구의 목적

(1) 실증주의 철학보다는 해석학적 접근방법과 비판적 접근방법에
   뿌리를 두고 있기 때문에 추구하는 목적이 실증주의와 다름.
(2) 기술, 설명, 해석, 비판을 동시에 추구하되 연구방법에 따라
   강조점이 달라짐.
(3) 해석학적 입장.
   질적 연구를 통하여 역사적인 맥락에서 사건과 조직을 이해
   하고 해석.
(4) 비판적 입장
   질적 연구를 통하여 사람들이 사회상황 및 자신들의 신념과
   행위를 변화시키는 것을 도와주고자 함

2. 질적 연구의 방법 개관

1) 문화기술적 방법

(1) 인류학자들이 개발.
(2) 상이한 문화에서 사회구성원들이 사회현상에 대처하는 방법
   을 어떻게 개발하고 채택하고 있는지를 연구하는 것.
(3) 연구자가 오랜 기간 자연적 상황에서 외부 접촉이 없었던 문
   화집단에 대하여 주로 참여관찰, 비구조화된 면접, 문화적 상
   징물의 분석방법을 사용하여 연구.

2) 근거이론

(1) 자료에 근거를 둔 접근방법으로 연구자가 다단계의 자료수집
을 통하여 정보범주를 설정하고 이론을 도출.
(2) 주요 질문은 '과정(process)'에 관련된 질문.
(3) 변수 간의 관계에 어떠한 이론이 함축되어 있는지에 관심.
(4) 대인면접, 일기, 참여관찰의 방법 활용.

3) 사례연구

(1) 연구자가 프로그램, 사건, 과정, 제도 또는 사회집단 등 하나
의 실체나 현상을 전체적으로 연구하는 데 있어 설명적 질문
을 제기하여 사건, 제도, 과정 등의 원인과 결과를 찾고자 하
는 연구
(2) 관찰, 대인면접, 조직연구

4) 현상학적 연구

(1) 연구 대상이 되는 사람들에 대한 상세한 기술을 통하여 인간
의 경험을 검토
(2) 가급적 생활의 경험에 충실한 언어를 통하여 인간적 경험의
의미들을 기술하고 밝혀내는 것
(3) 의식의 밑바닥에 깔려 있는 구조들에 대해 인간이 그들의 경
험을 어떻게 기술하고 있느냐에 대해 관심
(4) 인터뷰와 대화법을 활용

5) 해석학

(1) 중요문헌과 서적, 서면 등으로 전달된 의미를 해석하고자 함
(2) 성서학자들에 의해 개척
(3) 해석적 순환관계를 통해 분석
◎ 해석적 순환관계
- 텍스트 및 대화의 일부를 전체와 연결시키고 다시 부분으로 돌아가는 방법으로 분석 진행
- 모든 해석은 이전의 해석 및 이해와 연계되며, 모든 사항이 해석에 포함되어야 함
- 양적인 접근방법인 내용분석과 대비됨

6) 행위연구

(1) 사회체제가 작동하는 방법을 연구함으로써 사회체제를 개선하고자 함
(2) White
사회 상황에 대한 평가는 모든 행위이론의 출발점으로 이를 토대로 행위자들이 다른 관점에서 상황을 이해할 수 있도록 하고, 그들이 처한 상황을 변화시켜야 하는지 여부에 대한 가치판단을 할 수 있도록 한다고 봄.

접근방법	학문분야의 전통	전형적 자료수집방법	연구질문의 유형
문화기술적 방법	인류학	참여관찰 비구조회된 면접 문화적 상징물의 분석	문화 관련 질문 그 집단의 가치는 무엇인가? 수용 가능한 행태는 무엇인가? 수용되지 않는 형태는?
현상학	철학	개인적 경험에 관한 이야기, 비디오 및 오디오 녹화된 토론, 심층 면접	의미 관련 질문 개인적 경험의 의미는 무엇인가? 집단구성원이 어떻게 다양한 현상에 대처하는가?
사례연구	심리학, 행정학	관찰, 대인면접, 조직연구	설명적 질문 이 집단의 특성은 무엇인가?
해석학	성서연구, 문헌분석	내용분석, 이야기 및 담론분석	해석 관련 질문 이 텍스트가 의미하는 것은 무엇인가?
근거이론	사회학, 사회심리학	대인면접, 일기, 참여관찰	과정 관련 질문 변수들 간의 관계에 어떤 이론이 작용하는가?
행위연구	사회심리학, 교육학	담론분석, 개입연구	비판적 질문 집단구성원을 어떻게 해방시킬 것인가? 변화를 저해하는 요소는 무엇인가?

제9절 문화기술적 연구의 설계

1. 문화기술적 연구방법의 의미와 특징

1) 사회집단의 총체적인 문화, 즉 집단구성원들의 행위, 신념, 가치, 그리고 그러한 것들을 구성하는 문화적 요소들을 종합적으로 기술하여 이해하고자 노력
2) 인간의 행위
- 사회문화적 환경의 맥락에서 형성
- 인간사는 문화와 분리될 수 없음

- 상황의 맥락이 일상적인 가치체계를 형성하고 개인의 인지적 성향을 형성
- 일상적 가치체계가 사람들의 일상적인 삶의 방식을 무의식적으로 지속시키고도 하고 인도하기도 함

3) 사회문화적 맥락에서 인간의 행위나 그들의 가치체계, 혹은 문화의 터전 위에 형성된 일상적인 삶의 방식을 이해하려 함

4) 인간사를 수량화하기보다는 인간 행위의 사회문화적 유형을 추출하려 하며, 문화 활동 및 사건을 행위자의 입장에서 이해하려 함

5) 행위자들이 어떻게 실체를 규정하는가, 즉 그들이 활동하는 상황을 규정하고 현상을 분류하며, 활동이 일어나는 조건을 그들의 입장에서 이해하려 함

6) 자료를 수집하면서 연구가설을 명확하게 하고 이에 따라 연구 전략을 수시로 수정

2. 문화기술적 연구의 절차

1) 연구목적 설정 및 사전 준비

현장에서 자료를 수집해야 하므로, 사전 준비와 자료수집의 기획이 필요

2) 자료수집

주된 방법으로 참여관찰법 활용

3) 자료분석 및 해석

- 현장 기록을 바탕으로 어떤 유형을 탐색
- 문화적 주제를 찾고 자료에 입각하여 가설을 구성
- 관찰결과를 토대로 왜 그러한 행태가 나타나는지 해석

3. 행위연구의 설계

1) 행위연구의 개념

(1) 행위연구의 의미와 발전

- 집단구성원을 연구 과정에 참여시켜서 사회 집단의 변화를 유도하는 방법
- Kurt Lewin(1948)이 사회집단의 실제적인 문제를 해결하는 접근 방법을 묘사하기 위해 처음으로 사용(집단 구성원들이 스스로 결정하고 태도와 행동을 변화시키도록 할 때 일을 더 잘함)
- 사회문제를 보다 잘 이해하고 협동적인 노력을 통해서 집단구성원들의 진정한 변화와 개선을 유도하는 데 초점을 맞추는 귀납적이고 실제적인 연구 형태

(2) 행위연구와 비판이론

- 철학적으로 프랑크푸르트학파의 비판이론과 밀접하게 관련
- 연구자들이 사회조직에 개입하여 사람들 또는 고객이 좀 더 나은 생활을 할 수 있도록 하고, 집단 내에서 직무를 보다 잘 수행할 수 있도록 도와주려 함
- 행위연구는 연구자의 객관성과 가치중립성을 강조하는 실증주의적인 주류 사회과학의 관점과는 상당히 다른 관점

2) 행위연구의 유형

(1) 전통적 행위연구

- Lewin의 개발
- 사회제도가 제대로 기능을 수행할 수 있도록 변화하는 것을 도와주는 한편, 이론과 지식의 축적에 기여하는 것
- 연구대상이 연구 과정에 참여하는 것이 중요한 특징

(2) 참여형 행위연구

- 사회의 근본적이고 해방적인 변화에 영향을 미치는 것이 주목적
- 교육을 통해 사회구성원들이 직무를 보다 효과적으로 수행하는 방법을 알게 되면 그들 스스로 변화를 초래할 것이라고 믿음
- 연구자는 시간이 지나면서 연구 과정을 주도하기보다는 참여자의 주도에 따를 수 있도록 뒤로 후퇴

(3) 권한부여 행위연구

- 다수에 의하여 소외된 개인이나 집단에 관심을 가짐
- 연구 대상자들에게 권한을 부여할 수 있도록 설계
- 연구 대상자의 강점이 구성원들에게 이익이 되는 방향으로 작
  용할 수 있는 지침 제공

(4) 여성학적 행위연구

(5) 행위과학 연구

- 행정조직에 관한 행위연구 모형으로 Argyris가 발전시킴
- 조직에 대한 진단을 조직의 변화를 유도하기 위한 개입과 분
  리시킴
- 사람들이 그들 행위의 지침이 되는 근본적인 신념을 재검토함
  으로써 대인관계 및 조직의 효과성을 개선할 수 있다는 것을
  기본전제

3) 행위연구의 절차

(1) 기획국면

- 문제의 확인 및 이해
- 문제와 개입 프로그램의 규정
- 성과 측정 방법의 개발

(2) 행위국면

• 행위 계획의 집행

(3) 성찰국면

• 결과의 평가
• 조직과 집단 변화의 성찰

제10절 근거이론연구의 설계

1. 근거이론의 개념

1) 자료에 근거를 둔 접근방법으로서 연구자가 다단계의 자료수
   집을 통하여 세련된 정보 범주를 설정하고 이론을 도출하려
   하는 것

2) 사전에 설정된 이론을 검증하는 것이 아니라 수집된 자료로부
   터 이론을 개발하는 것

2. 근거이론의 연구의 절차

1) 관심주제 선정

미리 설정된 가설을 가지고 연구주제를 선택하지 않고, 연구과정에서 수집한 자료를 통해 가설을 도출

2) 연구목적 결정

새로운 이론의 형성이 근거이론 연구의 가장 중요한 목적

3) 연구 대상 집단 선택

연구에 필요한 상당량의 정보를 제공할 수 있는 대상을 선택하는 과정

4) 연구 자료 수집

자료 수집 방법에 있어 제약은 없음

5) 자료의 개방형 코딩

데이터를 자유롭게 자연적인 범주로 구분

6) 자료의 이론적 코딩

자료의 최종적인 구조를 확정하고 개념적 범주들을 중요성에 따

라 순위를 매기는 과정

7) 새로운 이론의 개발

자료를 근거로 새로운 이론 형성

제11절 사례연구의 설계

1. 사례연구의 개념

1) 독특한 특성을 가진 개인, 집단, 프로그램, 정책결정 등 소수 사례를 심층적으로 연구

2) Goode & Hatt

- 연구하려는 사회적 대상의 독특한 성격을 밝히기 위해 관계자료를 조직화하는 연구방법
- 개인, 가족, 집단, 사회적 관계와 과정 또는 문화 등 특정 사회적 단위를 하나의 전체로 파악하는 연구방법

3) Lofland

- 사람, 사건, 조직 과정 등을 실제 상황 속에서 연구하는 것

- 연구 과정은 발견의 과정을 포함

4) Orum

- 하나의 사회적 현상에 관하여 질적인 연구방법을 사용한 심층적, 다차원적 연구
- 서베이와 실험으로 대표되는 계량적 방법을 사용한 연구와는 다름

5) 소수의 사례를 하나의 전체로서 심층적·종합적으로 분석하는 연구방법

2. 사례의 의미

1) Ragin의 사례에 관한 개념적 지도

- 경험적 단위(실제론) / 이론적 구성개념(명목론)
- 일반적 사례 / 구체적 사례

사례에 관한 이해	사례의 개념화	
	구체적	일반적
경험적 단위	발견하는 단위로서의 사례 (세계체제)	객관적 단위로서의 사례 (개인, 조직, 국가)
이론적 구성 개념	구성되는 단위로서의 사례 (전체 정치체제)	관습적 단위로서의 사례 (산업사회)

3. 사례연구의 특징

1) 소수의 사례를 대상으로 심층적·종합적으로 연구한다는 점
   에서 다수의 사례를 분석대상으로 하는 연구와 구분(cf: 횡단
   면적 조사설계)

2) 소수사례의 분석

- 분석 대상이 되는 사례의 수는 하나 또는 소수로 제한
- 다수 사례를 심층적으로 분석하는 것은 불가능

3) 심층적·집중적 연구전략의 채택

- 분석 대상의 사례에 대한 심층적, 다차원적, 집중적 연구전략
  추구
- 하나 또는 소수의 관찰사례를 상세하고 종합적인 방식으로 연
  구함으로써 정확한 답변을 모색

4. 사례 지향적 연구와 변수 지향적 연구의 비교

1) Ragin의 대비

구 분	사례 지향적 연구	변수 지향적 연구
사례에 대한 관점	독특한 실체 소수의 사례 집중적/종합적 검토	변수들의 관찰단위 다수의 사례 변량의 외연적 분석
인과관계에 대한 이해	다원적/결합적 인과관계 역사적 또는 발생론적 인과관계 시간적 순서를 직접 검토 불변의 관계	일률적 인과관계 구조적 인과관계 정적분석/시간적 순서의 추론 확률적 관계
설명	종합적 설명 해석적 설명 역사적으로 구체적	근본적으로 분석적 간명한 설명 보편적, 법칙적
연구 목표	사례에 관한 지식 유형화된 다양성의 이해 이론의 사용/적용/진척	이론으로 관련된 지식 변량의 설명 이론의 검증/판결

5. 사례연구의 유형

1) 사례의 수를 기준으로 한 분류

- 단일연구사례
- 복수연구사례

2) 연구목적을 기준으로 한 분류

- 탐색적 연구
- 기술적 연구

• 설명적 연구

3) 용도에 따른 분류

• 연구 사례
• 교육용 사례

4) 이론화 정도에 따른 분류(Lijphart)

• 무이론적 사례연구
• 해석적 사례연구
• 가설창출적 사례연구
• 이론확증적 사례연구
• 이론논박적 사례연구
• 일탈 사례연구

6. 사례연구의 설계

1) 사례연구 설계의 요소(Yin)

• 연구문제 명시
• 연구명제 제시(가설제시)
• 분석단위 선택
• 자료와 명제의 연결

• 연구결과의 해석 기준

2) 사례연구 설계의 유형(Yin)

구 분	단일사례	복수사례
전체적(단일분석단위)	단일사례 전체적 설계 (유형 I)	복수사례 전체적 설계 (유형 III)
하위단위(복수분석단위)	단일사례 하위단위 설계 (유형 II)	복수사례 하위단위 설계 (유형 IV)

◈ 단일 모집단의 추론

1. 모수 추정

1) 추정

◎ 연구자가 관심 있는 모수에 대해 알고 있는 지식이 거의 없는
환경에서 "모수 값은 얼마인가?"라고 묻고, 이 질문에 답하는 것
◎ 예) 우리나라 어느 특정 지역의 한 가구당 평균 소득을 조사
하는 경우

2) 가설검증

◎ 모수에 대하여 약간의 지식을 가지고서, 특정 가설을 세운 후
에 표본에서 계산된 통계량을 기초로 하여 "모수는 특정한
값과 일치 하는가?"라는 가설의 채택 여부를 결정하는 것

◎ 예) 어느 회사에서 새로운 약을 개발하였을 때 그 약의 효과
를 검정하려면 세계적으로 이미 통용되는 기준치와 비교

2. 모집단 평균의 추정

1) 통계적 추정의 의의

◎ 표본의 특성을 분석함으로써 모집단의 특성을 추론하는 것
◎ 통계량을 통하여 모수를 추정하는 것

2) 구간추정

◎ 신뢰구간
모수의 진정한 값이 포함되는 것을 기대하는 추정치를 범위
로 나타낸 것
◎ 통계량을 통하여 모수를 추정하는 것

3. 모집단의 분산(σ^2)을 알고 있는 경우의 모집단 평균추정

1) 크기 n인 평균의 표본분포

$X \sim N(\mu, \sigma^2/n)$의 표준정규분포는

$$\frac{\overline{X} - \mu}{\dfrac{\sigma}{\sqrt{n}}}$$

2) 신뢰구간

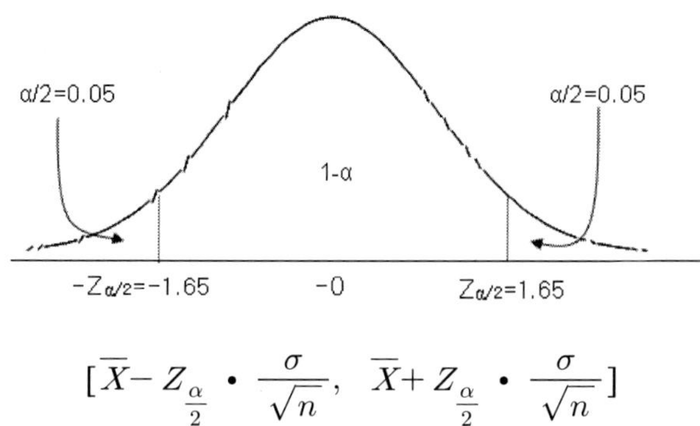

$$[\overline{X} - Z_{\frac{\alpha}{2}} \cdot \frac{\sigma}{\sqrt{n}}, \quad \overline{X} + Z_{\frac{\alpha}{2}} \cdot \frac{\sigma}{\sqrt{n}}]$$

4. 모집단의 분산(σ^2)을 모르고 있는 경우의 모집단 평균추정

1) 대집단인 경우(n≥30)

◎ 표본에서 구한 분산(S^2)을 모집단 분산(σ^2) 대신 사용

$$S^2 = \sqrt{\frac{\sum (X_i - \overline{X})^2}{n-1}}$$

◎ 신뢰구간

$$\overline{X} \pm Z_{\frac{\alpha}{2}} \cdot \frac{S}{\sqrt{2}}$$

2) 소집단인 경우

◎ t분포

• 종모양의 대칭 분포로 자유도(df)에 따라 모양이 결정됨

• 자유도는 표본크기 n에서 1을 뺀 것(표본크기가 10이면 자유

도는 $10 - 1 = 9$)

- t통계량

$$T_{(n-1)} = \frac{\overline{X} - \mu}{\dfrac{S}{\sqrt{n}}}$$

◎ 신뢰구간

$$\overline{X} \pm t\left(\frac{\alpha}{2}, n-1\right) \cdot \frac{S}{\sqrt{n}}$$

◆ 가설검정

1. 가설

1) 귀무가설(null hypothesis) : H_0

◎ 통계적으로 나타난 차이는 단지 우연의 법칙에서 나온 표본 추출 오차로 생긴 정도라는 주장

◎ H_0 : 통조림 평균 무게는 400g이다

2) 연구가설(research hypothesis) : H_1

◎ 두 표본의 차이는 우연발생적인 것이 아니라 두 표본이 대표 하는 모집단 평균치 사이에서 현저하게 차이가 있다는 진술 에 대하여 사실 여부를 확인

▶ H_1 : 통조림 평균 무게는 400g이 아니다

2. 가설검정의 오류

1) 1종 오류(α)

진실한 가설을 기각하는 경우(무죄의 피의자를 유죄로 판결)

2) 2종 오류(β)

잘못된 가설을 채택하는 경우(유죄의 피의자를 무죄로 판결)

3. 검정력

1) 연구자는 자신의 연구가설을 내세우면서 기존의 귀무가설을 기각하고 싶어 함
2) 귀무가설이 거짓일 때 이를 기각하는 확률은 큰 의미가 있음
3) 거짓된 귀무가설을 채택할 확률은 β이므로 검정력은 $1 - \beta$

4. 유의수준

1) 1종 오류 α의 최대치를 뜻함
2) "유의하다"라고 할 때, 이것은 모수와 통계량의 차이가 현저하여 통계치의 확률이 귀무가설을 기각할 수 있을 만큼 낮은 경우를 뜻함

5. 임계치

1) 가설을 채택하거나 기각하는 판단기준
2) P로 표기
3) α = 0.05 수준에서 P<0.05로 표기할 수 있음
4) 계산하고 P로 표기된 확률수준이 0.05이하이면 귀무가설을 기
   각한다는 의미
5) 통계적으로 유의하다라고 해석

6. 가설검정의 종류

1) 양측검정

◎ 모수가 특정값과 일치하는지 여부를 발견하는 데 관심이 있
   다면, 연구자는 양측검정을 하게 된다.
◎ Ho : $\mu = 400$

   H_1 : $\mu \neq 400$

2) 단측검정

◎ 왼쪽꼬리검정

$$Ho : \mu \geq 400$$

$$H_1 : \mu < 400$$

◎ 오른쪽꼬리검정

$$Ho : \mu \leq 400$$

$$H_1 : \mu > 400$$

7. 가설검정의 순서

1) 귀무가설(Ho)과 연구가설(H_1) 설정
2) 유의수준(α)과 임계치 결정
3) Ho의 채택과 기각영역 결정
4) 통계량 계산
5) 통계량과 임계치의 비교 및 결론

제12절 인과관계의 추론

Ⅰ. 원인의 개념

1. 원인, 결과, 인과관계의 개념

1) 원인

◎ 어떤 현상을 일으키거나 변화시키는 요인, 어떤 현상이 일어
나기 위해 반드시 존재해야 하는 선행요인

◎ 과학적 설명에서의 핵심적 과제는 인과관계, 즉 원인과 결과 사이의 관계를 밝혀서 그 결과로 발생하는 현상을 설명하는 것

◎ why? - >because

2. 행정 및 정책연구에서의 원인

3. 사회적 인과관계의 복잡성과 다원적 원인론

Ⅱ. 인과적 추론의 조건

J. S. Mill의 세 가지 원칙

① 원인은 결과보다 앞섬(시간적 선행성의 원칙)

② 원인과 결과는 공동으로 변화(상시연결성의 원칙, 공동변화의 원칙)

③ 결과는 원인변수에 의해서만 설명되어야 하며, 다른 변수에 의한 설명 가능성은 배제(경쟁가설의 배제원칙)

1. 시간적 선후관계

1) 결과나 종속변수를 산출하는 원인이 되는 요소인 독립변수가 먼저 발생하든지 아니면 먼저 변화해야 함

2. 공동변화와 연관성

1) 공동변화(covariation) 또는 연관성(association)

◎ 인과적 관계를 주장하기 위하여 필요한 조건의 하나

◎ 둘 또는 그 이상의 변수가 상호 관련되어 있지 않다면 한 변수가 다른 변수의 원인이 될 수 없다는 것

◎ 어린아이에게서 어머니의 애정을 박탈하면 비행을 저지른다?

→ 어머니의 애정을 충분히 받은 아이와 애정이 결핍된 아이가 똑같이 비행을 저지른다면, 어머니의 애정결핍이 비행의 원인이라 할 수 없음

◎ 인과관계를 주장하기 위해서 연관관계의 강도와 일관성이라는 두 가지 특징을 파악해야 함

2) 연관관계의 강도

◎ 연관성의 크기

◎ 흡연자들이 비흡연자들보다 폐암에 걸릴 확률이 2배보다 20배가 높을 때, 흡연과 폐암 간의 인과관계의 가능성이 높아짐

◎ 화재 현장에 출동한 소방관 수가 많을수록 화재의 피해가 크다?

3) 연관관계의 일관성

◎ 서로 다른 상황에서 이루어진 여러 연구에서 두 변수 간의 연관관계에 일관성이 있다면 그들 관계가 인과적 관계일 가능

성 증가

◎ 흡연과 폐암 사이의 연관성이 있다는 증거가 여러 상황에서
  일관성 있게 나오는 경우 인과적 관계의 가능성은 높아짐

3. 비허위적 관계

1) 비허위적 관계의 의미

◎ 제3의 변수에 의해 설명할 수 없는 두 변수 간의 연관성
◎ 다른 변수의 영향이나 효과가 모두 제거되어도 추정된 원인
  (독립변수)과 결과(종속변수)의 관계가 유지된다면 그 관계는
  비허위적
◎ "소방차와 소방관 수가 많을수록 화재로 인한 피해 액수가
  크다"
→ 소방차 및 소방관 수가 화재피해의 원인?

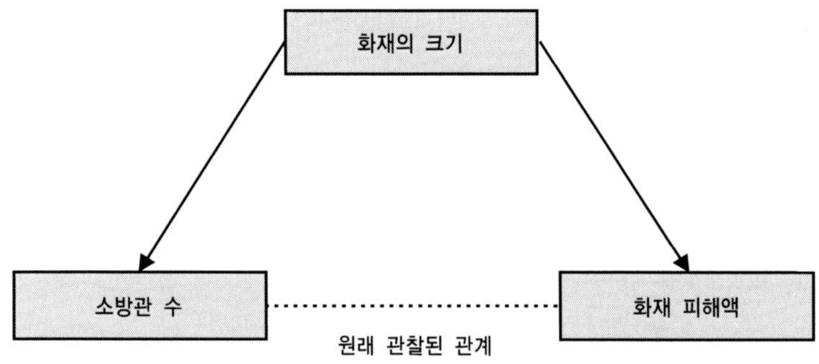

◎ "신발 크기가 클수록 산수 점수가 높다"

→ 신발 크기가 산수 점수의 원인??

2) 허위변수와 혼란변수

◎ 변수 X와 Y의 관찰된 관계가 허위 관계인지 여부를 판단하
기 위해서는 변수 간의 관계를 설명하는 제3의 변수의 존재
여부 확인

◎ 두 변수 관계에 영향을 미치는 제3의 변수는 허위변수와 혼
란변수가 존재

◎ 허위변수는 X와 Y 두 변수에 모두 영향을 미치며, 공동변화
를 모두 설명하는 변수

◎ 혼란변수는 X와 Y 두 변수에 모두 영향을 미치지만, 이들 공
동변화를 모두 설명하지 못하는 변수

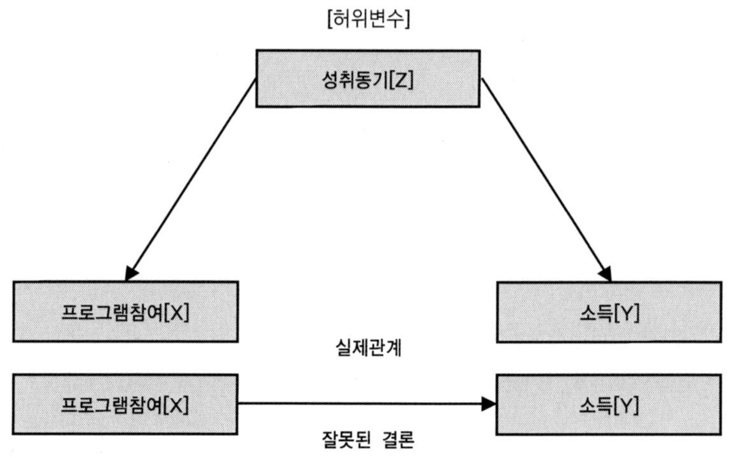

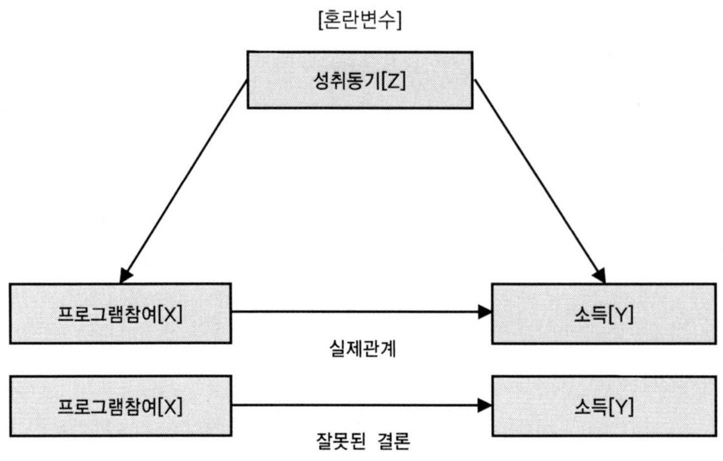

제13절 조사설계의 타당성과 위협 요인

설명적 조사연구의 핵심적 과제는 추정된 원인변수(X)와 결과변수(Y) 사이에 인과관계가 존재하는지의 여부를 추론하는 것

1. 타당성의 개념 및 종류

◎ 타당성
- 경험적 조사연구를 통하여 인과관계를 얼마나 진실에 가깝게 추론하느냐의 정도를 나타내는 개념
- 경험적 연구를 통하여 추정된 원인변수와 추정된 결과변수 간의 인과관계에 대하여 얼마나 정확한 정보를 창출했는가

- 검증하고자 하는 인과관계를 진실에 가깝게 추론해 낸 경우 그 조사연구의 타당성이 높음
- 내적 타당성(internal validity)

  조사 연구의 설계 및 분석 과정에서 추정된 원인과 결과의 관계에 대한 인과적 추론이 어느 정도 정확했는가?
- 외적 타당성(external validity)

  조사 연구의 결론을 다른 형태의 측정 수단을 사용했을 때, 또는 다른 모집단, 상황 및 시점에서 어느 정도까지 일반화시킬 수 있는지 하는 범위에 관한 것

2. 통계적 결론의 타당성

◎ 추정된 원인과 추정된 결과 사이에 관련이 있는지에 관한 통제적 의사결정의 타당성(1종 오류, 2종 오류->통계적 결론의 타당성 낮음)

3. 내적 타당성의 의미와 위협요인

◎ 내적 타당성의 의미
- 추정된 원인과 그 결과 사이에 존재하는 인과적 추론의 정확성을 의미하는 개념
- 통계적 타당성이 일단 확보되었다고 전제할 때 그 결과가 과

연 추정된 원인에서 기인한 것인가 아니면 다른 원인에 의한
것인가를 판단
- 추정된 원인과 결과 사이에 존재하는 인과관계의 추론이 정확
한 것인가가 내적 타당성의 초점

◎ 내적 타당성의 위협요인
- 원인으로 추정된 이외의 것으로 결과에 영향을 미친다고 생각할
수 있는 제3변수의 영향을 배제하도록 연구 설계
- 내적 타당성은 인과적 추론의 세 조건 중 경쟁개설 배제원칙과
관련
- 상시연결성을 충족했는지에 대한 것→통계적 타당성과 관련
- 추정된 원인 이외의 요인에 기인한 대상 집단의 특성변화
► 성숙요인(maturation)
  시간의 경과 때문에 대상 집단의 특성이 변화는 경우
► 역사요인(history)
  조사 기간 중에 연구자의 의도와 관계없이 일어난 사건으로
  결과변수에 영향을 주는 사건(외재적 사건)
- 표본의 무작위 배정 및 대표성에 관련된 요인
► 선발요인(selection)
- 실험집단과 비교되는 비교집단이 있는 준실험설계에서 문제
- 실험집단과 비교집단 간의 결과변수에 대한 측정값의 차이가
  정책집행의 효과라기보다는 단순히 두 집단 구성원들이 다르
  기 때문에 나타는 경우
► 상실요인(mortality)

- 정책 집행 기간 중에 관찰 대상 집단의 일부가 탈락 또는 상실됨으로써 남아 있는 대상이 처음의 관찰 대상 집단과 다른 특성을 갖게 되는 현상
- 90% 금연교실에서 성공(100명 신청 → 90명 이탈 → 10명 중 9명 성공)

▶ 회귀요인(regression)

- 극단적인 측정값을 갖는 사례들을 재측정할 때 평균값으로 회귀하여 처음과 같은 극단적 측정값을 나타낼 확률이 줄어드는 현상

• 관찰 및 측정방법에 관련된 요인

▶ 검사요인(testing)

- 유사한 검사를 반복하는 경우에 참여자들이 시험에 친숙도가 높아져서 측정값에 영향을 미치는 현상
- 측정 수단요인(instrumentation)
- 측정기준이 달라지거나, 측정 수단이 변화함으로써 결과가 왜곡되는 현상

• 내적 타당성의 위협요인과 통제방안 요약

유 형		의 미	통제방안
다른 요인에 의한 변화	성숙요인	시간의 경과에 따른 대상 집단의 특성 변화	통제집단구성 실험 기간 제한 빠른 성숙을 보이는 표본 회피
	역사요인	실험 기간 중 일어난 사건에 의한 대상 집단의 특성변화	통제집단 구성 실험 기간의 제한
표본의 대표성 관련 요인	선발요인	실험집단과 통제집단이 다르기 때문에 나타나는 차이	무작위 배정 사전 측정
	상실요인	실험 기간 중 실험대상의 중도 포기 또는 탈락 때문에 나타나는 차이	무작위 배정 사전 측정
	회귀요인	실험대상이 극단적인 값을 갖기 때문에 재측정 시 평균으로 회귀하려는 경향 때문에 나타나는 차이	극단적 값을 갖는 집단 회피 신뢰성 있는 측정 도구 사용
관찰 및 측정방법 관련요인	검사요인	사전 검사에 대한 친숙도가 사후 측정에 미치는 영향에 따른 차이	사전 검사를 하지 않는 통제집단과 실험집단 활용 사전 검사의 위장 눈에 띄지 않는 관찰방법
	측정 수단 요인	측정기준과 측정 수단이 변화함에 따라 나타나는 차이	표준화된 측정 도구 사용

4. 구성개념의 타당성과 위협요인

1) 구성개념 타당성(construct validity)의 의미

연구에 사용된 이론적 구성 개념과 이를 측정하는 측정 도구가 얼마나 일치되는지의 정도를 나타내는 개념

2) 실험변수의 구성개념 타당성과 위협요인

유 형	의 미	가능한 통제 방안
A. 실험집단의 오염		
1. 실험자의 기대	관찰된 효과는 실험자가 연구 대상의 행태에 영향을 미친 것 임 자기 충족적 예언, 피그말리온 효과	눈가림 배정, 표준화 등 방법으로 실험자를 통제 연구대상이 가설을 인식하고 있는지 체크
2. 실험대상의 반응	관찰된 효과는 연구대상이 연구의 의미에 대한 단서의 해석에 반응하려는 동기 때문 호돈효과, 착한 연구대상의 문제	가짜 약 충제집단, 연구 대상 눈가림 배정, 자연적 상황, 눈에 띄지 않는 관찰, 속임수 연구목적 알림 연구대상이 가설을 인식하고 있는지 체크
B. 통제집단의 오염		
1. 보상적 오염	효과가 없는 것으로 나타난 관찰결과는 통제집단이 실험처리 또는 이와 동등한 것을 취득하였기 때문	연구대상의 눈가림 배정, 통제집단에 대한 엄격한 관리, 만족할 만한 가짜 약 처리, 통제집단의 행태에 대한 면밀한 관찰
2. 과장적 오염	효과가 있는 것으로 나타난 관찰결과는 실험처리를 받지 못한 것을 의식하여 통제집단의 특이한 행태를 보이기 때문	연구대상의 눈가림 배정, 배정절차의 설명, 추후 실험처리를 약속, 통제집단에 대한 사기저하를 막기 위한 통제집단 반응의 모니터링

5. 외적 타당성과 위협요인

◎ 외적 타당성의 의미

- 외적 타당성이란 연구의 결과로 밝혀진 독립변수의 효과에 대한 결론을 일반화시킬 수 있는 범위
- 특정 변수에 관하여 특정 집단을 대상으로, 특정 시기에, 특정 상황에서 연구한 결과를 다른 대상 집단, 다른 시기, 다른 환경 또는 상황에 일반화시킬 수 있는 범위
- 내적 타당성은 특정 연구 내에서 인과적 추론이 얼마나 진실한가에 관한 것

- 외적 타당성은 인과적 추론의 진실이 다른 상황 또는 다른 모
  집단에서도 적용될 수 있는가에 관한 것
- 외적 타당성의 세 가지 문제 제기
▶ 일반화가 가능한 상황이나 환경에 관한 문제 제기
  : 실험 결과가 실제 환경에서 동일한 결과가 나타나느냐?
▶ 일반화가 가능한 대상 집단의 범위에 관한 문제 제기
  : 특정한 모집단으로부터 추출한 표본을 대상으로 실시한 연구
    의 결과를 다른 모집단에 대하여 일반화할 수 있는가?
▶ 일반화 가능한 시기에 관한 문제 제기
  : 특정한 시기에 집행된 독립변수의 효과에 대한 결론을 토대로
    유사한 정책이나 프로그램을 다른 시기에 실시해도 유사한 결
    과에 도달할 수 있는가?

◎ 외적 타당성의 위협요인과 통제방안

유 형	의 미	통제 방안
A. 일반화가 가능한 상황과 맥락		
1. 실험상황	관찰된 X의 효과는 실험상황의 배열의 요소와 결합되어 나타남	상호작용의 검증을 위하여 복수의 집단을 실험에 포함시켜 확인함
2. 맥락	관찰된 X의 효과는 사회적 또는 물리적 환경의 요소와 결합되어 나타남	다른 유형의 상황에 대한 반복연구를 통하여 확인. 상황의 사실성을 제고함
B. 일반화가 가능한 시기	관찰된 X의 효과는 최근의 특정사건 또는 특정 시기와 결합되어 나타남	다른 시기에 반복연구를 통하여 확인함
C. 일반화가 가능한 모 집단의 범위	관찰된 X의 효과는 특정 연구대상 표본의 특성과 결합되어 나타남	표본의 대표성 제고, 다른 모집단의 표본에 대한 반복연구를 통하여 확인

제14절 설명적 조사설계

◈ 설명적 조사설계의 기본원리

1. 인과적 설명을 위한 조사설계의 원리

◎ 어떤 것이 사실임을 아는 것과 그것이 사실임을 증명하는 것
  은 커다란 차이(증명하는 것은 대단히 어려운 것)

◎ 증명을 하기 위해서는 설명과 입증의 법칙에 의하여 공개적
  인 증거를 제시하여 관련분야의 연구자들이 동의할 수 있도
  록 해야 함

◎ 조사설계란 일단의 논리적 절차로 그 절차에 따르면 연구자
  는 옳고 그른 정도를 결정하는 증거를 찾을 수 있음

◎ 원인(X)과 결과(Y) 간에 인과성이 존재한다는 것을 입증하기
  위해서는
- 변수 X와 Y가 공동 변화한다는 사실 입증
- 현상 발생의 시간적 선후관계를 분명히 밝히고
- 허위관계의 가능성을 배제시킬 수 있어야 함

◎ 실험설계의 핵심적 구성요소
- 연구대상을 실험집단과 통제집단에 무작위적으로 배정

- 실험집단에는 독립변수를 도입하는 반면 통제집단에는 도입하
  지 않음
- 실험집단과 통제집단의 종속 변숫값의 변화정도를 비교

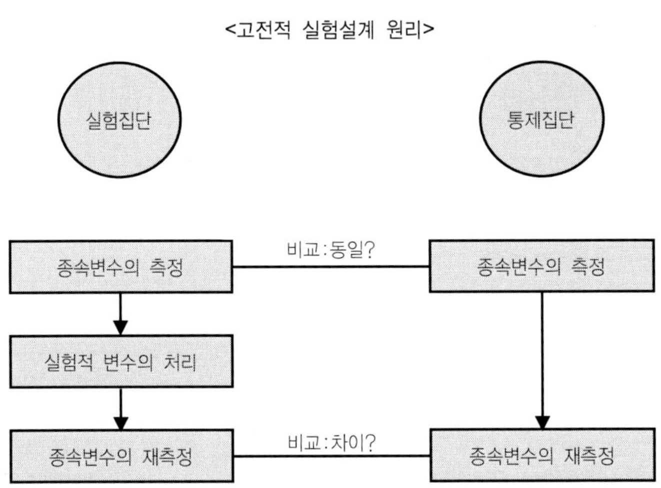

2. 실험설계의 구성요소

◎ 비교: 공동변화의 입증

- 비교의 과정은 공동변화 또는 상관관계를 살펴보기 위해 필요
- 비교는 두 변수 사이에 상관관계가 존재하는지를 입증하기 위
  해 필요(X라는 교수법과 학업 성취도 사이의 관계)

◎ 실험변수의 조작: 시간적 선행성의 입증

- X가 Y의 원인이라면 X의 변화를 유도할 때 Y의 변화가 뒤따름
- X의 변화가 Y의 변화에 선행되어야 함

◎ 무작위 배정: 외재적 변수의 통제와 경쟁 가설의 제기

- 외재적 변수는 연구에서 추정된 원인변수와 결과변수가 아닌 변수로서 결과변수에 영향을 미치는 요소
- 외재변수의 영향을 제거하지 못하면 실험변수와 결과변수 간의 인과관계를 정확하게 파악 불가능
- 외재 변수를 배제하기 위해서는 실험집단과 통제집단 구성원의 동질성을 확보하는 것(동일한 구성, 동일한 경험, 동일한 성향)

► 무작위 배정

- 실험집단과 통제집단을 서로 동질적으로 구성하기 위한 대표적 방법
- 대상을 실험집단이나 통제집단에 배정될 기회가 동일한 조건에서 이들 두 집단 가운데 어느 하나에 배정(주사위를 던져 짝수면 통제집단, 홀수면 실험집단)

► 짝짓기

- 실험집단과 통제집단을 구성하는 데 있어서 연구의 가설에 관련이 있는 변수를 중심으로 유사한 것끼리 둘씩 짝지은 다음 하나는 실험집단에, 다른 하나는 통제집단에 배정하는 방법

3. J. S. Mill의 실험설계 기본논리

◎ 일치법

- 관찰하는 모든 현상에서 항상 한 가지 요소 또는 조건이 발견된다면 그 현상과 요소는 인과적으로 연결되어 있음

- 특정 현상이 발생하는 둘 이상의 사례에서 단 하나의 공통요소만을 가지고 있다면 그 요소는 그러한 특정 현상의 원인(또는 결과)

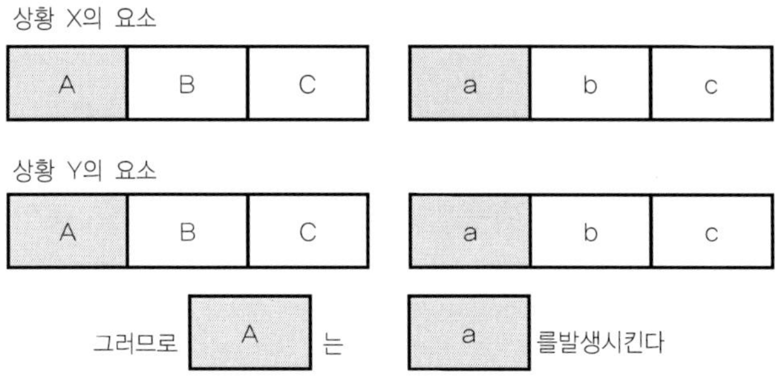

◎ 차이법

- 특정 현상이 공통적으로 발생하는 사례들을 비교하는 일치법과는 대조적으로 차이법은 어떤 현상이 발생하는 사례와 그렇지 않은 사례, 즉 서로 상이한 결과가 나타나는 사례들을 비교
- 만약 특정 현상이 발생한 사례와 발생하지 않은 사례가 있을 때, 두 사례 간에 단 하나의 요소를 제외한 모든 요소를 공통적으로 가지고 있다면 그 요소는 특정 현상의 원인(또는 결과)

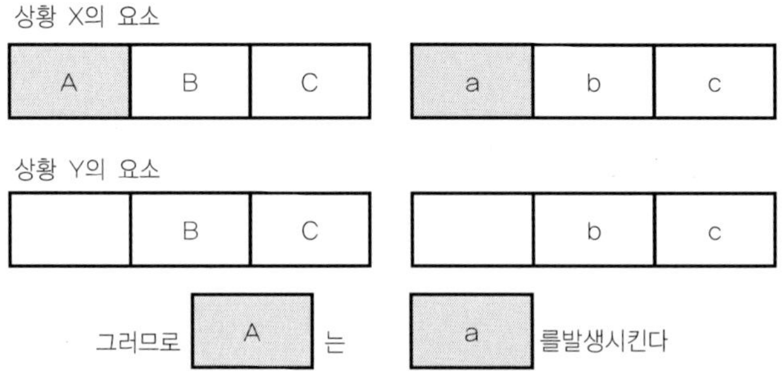

◎ 간접적 차이법

• 차이법을 직접 적용할 수 없거나 그 사전 단계로서의 일치법을 적용할 수밖에 없는 경우에 사용
• 만약 특정 현상이 발생하는 둘 이상의 사례에서 하나의 공통요소만을 가지고 있고, 그 현상이 발생하지 않는 둘 이상의 사례에서 그러한 공통요소가 없다는 점 외에 공통사항이 없다면 그 요소는 그 현상의 원인(또는 결과)

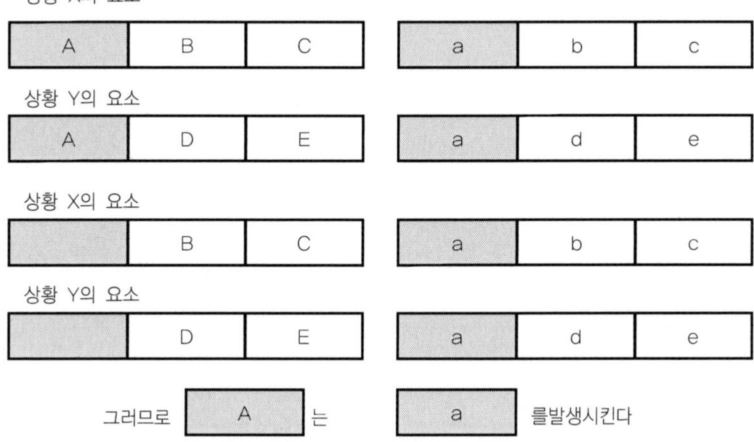

◎ 잔여법

• 특정 현상에서 귀납적 방법의 적용으로 이미 밝혀진 부분을 모두 제거한 후 남는 부문이 있다면 이는 그 결과가 아직까지 밝혀지지 않은 선행요인의 결과
• 어떤 현상에서 귀납적 방법의 적용으로 인과관계가 이미 밝혀진 부분을 제외할 때, 그 현상에서의 나머지 부분은 나머지 선

행 요인의 결과

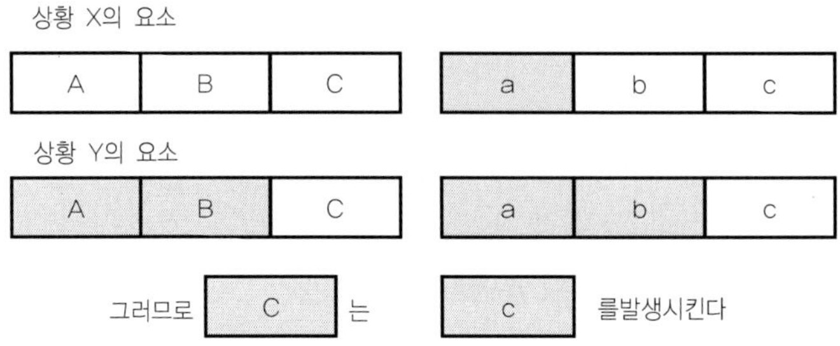

◎ 공동변화법

• 어떤 현상이 변화할 때마다 다른 현상에 특정한 방법으로 변화가 발생한다면 그 현상은 다른 현상의 원인 또는 결과이거나, 일정한 인과관계의 과정으로 연결

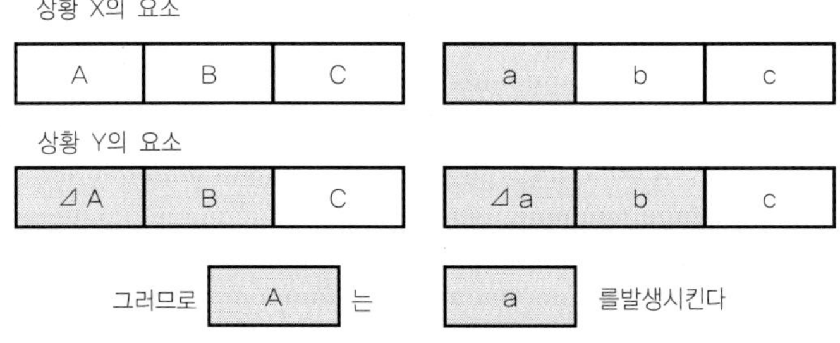

◆ 진실험 설계

◎ 인과적 설명을 위한 조사설계는 실험설계의 세 가지 구성요

소 ① 공동변화의 입증을 위한 비교, ② 시간적 선행성의 입증을 위한 실험변수의 조작, ③ 경쟁적 가설에 의한 설명 가능성을 배제하기 위한 통제가 이루어져야 함
◎ 이 세 조건을 어느 정도로 갖추었느냐에 따라 진실험 설계, 준실험 설계, 비실험 설계로 구분
◎ 진실험 설계는 세 가지 조건을 비교적 충실하게 갖추고 있는 설계

1. 기본적인 설계

◎ 통제집단 사후측정 설계
- 실험집단: 무작위 배정, 실험처리, 관찰값 1
- 통제집단: 무작위 배정, 관찰값 2
- 실험효과: 관찰값 1 - 관찰값 2

◎ 통제집단 사전사후측정 설계: 고전적 실험설계
- 실험집단: 무작위 배정, 관찰값 1, 실험처리, 관찰값 2
- 통제집단: 무작위 배정, 관찰값 3, 관찰값 4
- 실험효과: (관찰값 2 - 관찰값 4) - (관찰값 1 - 관찰값 3)

◎ 솔로몬의 4집단 실험설계
- 실험집단 1: 무작위 배정, 관찰값 1, 실험처리, 관찰값 3
- 통제집단 1: 무작위 배정, 관찰값 2, 관찰값 4
- 실험집단 2: 무작위 배정, 실험처리, 관찰값 5

• 통제집단 2: 무작위 배정, 관찰값 6

2. 복잡한 설계

◎ 가짜 실험처리 통제집단 설계
• 실험집단: 무작위 배정, 관찰값 1, 실험처리, 관찰값 2
• 통제집단: 무작위 배정, 관찰값 3, 관찰값 4
• 가짜 실험처리 통제집단: 무작위 배정, 관찰값 5, 가짜 실험처리, 관찰값 6
• 실험효과: (관찰값 2 − 관찰값 4) − (관찰값 6 − 관찰값 4) = (관찰값 2 − 관찰값 6)

◎ 블록 실험설계

◎ 요인 설계

3. 사회실험과 그 사례

◆ 준실험 설계

◎ 진실험 설계는 인과관계를 추론하기 위한 세 가지 조건, 즉 시간적으로 원인이 결과에 선행하여야 하고, 원인변수와 결과변수가 공동으로 변화하여야 하며, 추정된 원인 이외에는 그 결과를 설명할 수 있는 다른 요소들이 존재하지 않는다는

조건을 제공할 수 있는 설계방법

◎ 준실험 설계는 무작위 배정에 의하여 실험집단과 통제집단의
동등화를 꾀할 수 없을 때 사용하는 설계방법

◎ 무작위 배정에 의한 방법 대신 다른 방법을 통하여 실험집단
과 유사한 비교집단을 구성하려고 노력하는 설계

◎ 진실험 설계는 연구자가 사전에 계획하여 실험집단과 통제집
단을 무작위적으로 배정할 수 있기 때문에 미래지향적

◎ 준실험 설계는 연구자가 과거에 발생한 실험처리의 효과를
추정하기 위한 연구가 많기 때문에 과거지향적 경우가 많음

◆ 비실험 설계

◎ 비실험 설계는 인과적 추론의 세 가지 조건을 모두 갖추지
못한 설계, 즉 진실험 또는 준실험적 설계를 제외한 인과관
계의 추론방법

◎ 통계적 통제에 의한 방법, 인과모형에 의한 방법

◆ 개념과 측정

◎ 어떤 연구유형을 선택하더라도 연구에서 사용되는 추상적 개

념을 정의하여 이를 경험적 세계에서 측정이 가능하도록 하여야 함

◎ 개념, 조작적 정의 및 측정은 추상적·이론적 세계와 경험적·사실적 세계를 연결하는 기능

◎ 사회과학에서 가장 어려운 문제 중 하나는 이론적·추상적 세계에 위치한 이론적 개념을 현실적·경험적 세계에서의 측정으로 연결하는 문제

◎ Blalock
- 연역적으로 설정된 이론은 그 자체로는 결코 검증될 수 없으며, 따라서 연구가설을 검증하기 위해서는 보조 이론이 필요하다고 지적
- 보조이론이란 이론적 세계와 현실적 세계의 관계, 관찰할 수 없는 추상적 개념과 관찰할 수 있는 측정지표(변수) 간의 관계에 대한 이론을 의미(관념적 상관관계, 일치의 법칙 등으로 표현)
- 사회과학의 경험적 연구에서 개념과 측정지표를 연결하는 보조이론은 개념과 개념을 연결하는 실질이론과 같은 정도의 중요성을 가짐

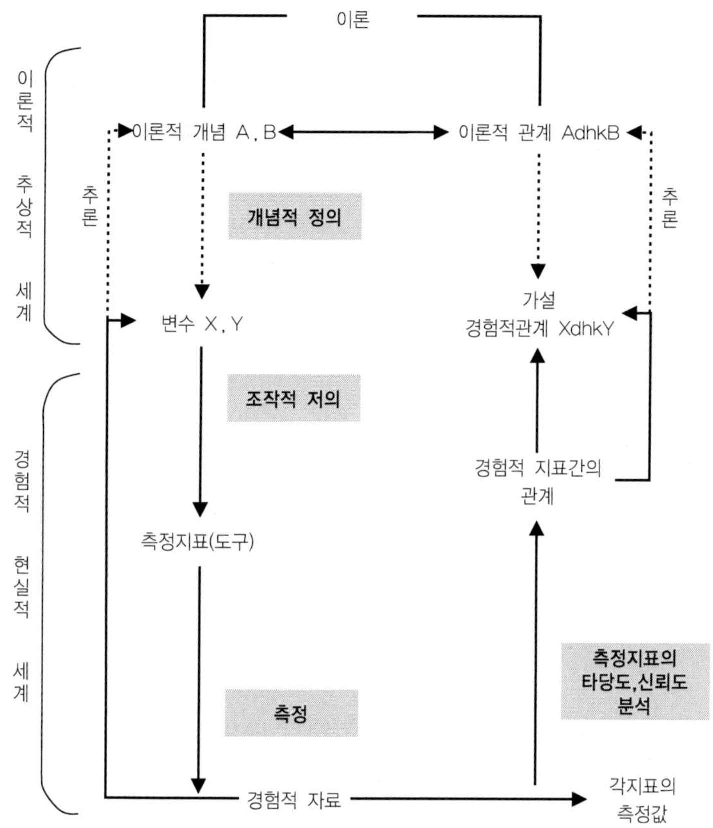

◎ 경험적 세계에서 측정이 가능하도록 이론에 포함된 개념 A 또는 B를 변수 X 또는 Y로 정의

◎ 각 변수에 대한 조작적 정의를 구체화하여 측정 도구(지표)를 구성한다. 예를 들면 변수 X를 측정할 수 있는 5개 항목($x1$, $x2$, $x3$, $x4$, $x5$)으로 구성된 설문항목을 구성

◎ 측정 도구를 경험적 세계의 연구대상에 적용하여 자료를 수집

◎ 경험적 자료를 분석하여 측정 도구(측정지표)의 타당도와 신
뢰도를 분석

◎ 경험적 측정자료들 간의 관계를 통하여 X와 Y의 경험적 관
계를 분석

◎ X와 Y의 경험적 관계에 대한 분석을 토대로 A와 B의 이론
적 관계를 추론

⇒ 이론적 세계와 경험적 세계 사이에서 두 가지의 추론이 필요

⇒ 추론 I 은 이론적 개념과 측정된 경험적 자료를 연결하는 관
계에 대한 추론

⇒ 추론 II 는 이론적으로 구체화된 관계와 경험적으로 산출된 관
계에 대한 추론

◆ 개념, 구성개념 및 개념적 정의

1. 개념 및 구성개념

◎ 연구문제가 선정되면 연구문제에 포함된 추상적인 개념을 구
체화하여야 함

◎ 이러한 과정을 개념화라고 함

◎ 개념화 과정을 통해 개념의 명칭과 의미가 규정

◎ Selltiz

- 관찰된 사건들에 대한 추상적인 표현 또는 여러 가지 사실의 간략한 표현으로 정의
- 관심의 대상이 되는 경험 세계에서의 사물, 사건 및 현상의 속성을 추상화시킨 표현

◎ Kerlinger

- 구체적인 것으로부터 일반화시켜서 형성한 추상관념
- 무게 → 하나의 개념으로, 다소 무겁거나 가벼운 사물에 대한 다수의 관찰결과를 나타냄
- 사회과학에서 사용되는 개념은 무게, 높이, 길이와 같은 개념보다 훨씬 더 추상적
- 정치적 태도, 역할, 직무만족, 조직몰입 등은 몸무게나 키와 같이 관찰된 인간행동의 속성을 나타내는 개념이지만 추상성이 높음

◎ 정치적 태도, 역할, 직무만족 등과 같이 추상화가 높은 개념은 그 개념이 나타내고자 하는 경험적 현상과 연결하는 것이 쉽지 않음

◎ 이러한 개념들은 추상성의 정도가 좀 더 낮은 개념들로부터 구성되었다는 의미에서 구성개념이라 일컬음

◎ 구성개념도 개념의 일종이지만 사회과학의 연구에서 사용되는 추상성이 높은 개념을 말함

◎ Kelinger

- 구성개념을 연구자가 특별히 과학적 연구 목적을 위하여 의도적으로 개발하였거나 채택한 개념
- 연구자들은 구성개념을 두 가지 방법으로 사용가능
- ► 구성개념은 이론적 체계 내에서 다른 구성개념과 여러 가지 방법으로 관련되어 있음. 예를 들어, 업무만족이 업무성과의 함수라고 할 때, 업무만족이라는 구성개념은 업무성과라는 구성개념과 관련하여 의미를 가짐
- ► 구성개념은 관찰과 측정의 가능성을 염두에 두고 정의된 개념, 즉 관찰과 측정을 고려하여 연구자가 정의한 개념

2. 개념적 정의

◎ 정의란 개념에 의미를 부여하는 작업

◎ 개념을 정의하는 방식
- 개념적 정의: 하나의 개념을 정의하기 위하여 다른 개념들을 사용하는 것
- 조작적 정의: 연구자가 측정하거나 또는 실험변수를 조작할 수 있도록 개념을 정의하는 것

◎ 개념적 정의
- 하나의 개념을 다른 개념을 사용하여 정의하는 것
- 통상 사전에서 찾아볼 수 있는 방법으로 이를 사전적 정의라

고 함

- 개념을 언어로 표현하는 것을 용어라고 하므로, 개념과 용어의 뜻을 기술하는 것이 개념적 정의
- 예) 무게는 물체의 중량, 불안은 주관화된 공포

◎ 하나의 개념에 대한 복수의 개념 정의가 가능하며, 따라서 개념 정의를 분명하게 하지 않으면 연구자가 개념을 어떤 의미로 사용하는지가 분명하지 않음

◆ 변수와 조작적 정의

1. 변수

◎ 변수

- 측정 가능한 개념
- 개념은 관심대상의 속성을 추상화하여 이론 세계에서 의미를 부여한 것이므로 그 자체를 직접 측정할 수 없음
- 변수는 관심대상의 속성을 나타낸다는 의미에서 개념과 같으나 경험적 세계의 속성을 나타낸다는 점에서 개념과 구분
- 관심을 가지고 있는 대상의 경험적 속성을 나타내면서, 그 속성에 계량적 수치를 부여할 수 있는 개념 또는 경험적으로 측정 가능한 개념이라고 정의할 수 있음

2. 조작적 정의

◎ 조작적 정의
- 추상적 구성 개념이나 변수를 측정하는 데 필요한 활동이나 조작을 상세하게 기술함으로써 그것에 의미를 부여하는 방법
- 개념을 측정하거나 실험변수를 조작할 때에 연구자의 활동을 구체적으로 명시한 지침
- 측정을 위한 조작적 정의와 실험을 위한 조작적 정의로 구분

◎ 측정을 위한 조작적 정의
- 변수를 어떻게 측정할 것인가를 기술
- 예) 대입수험생의 성적은 수학능력시험 점수와 내신등급의 합으로 측정한다.
- 사회과학에서 사용

◎ 실험을 위한 조작적 정의
- 실험설계에서 연구자가 실험변수를 조작하는 세부 내용을 기술

◎ 개념적 정의에 의하여 용어로서의 추상적 개념의 의미가 분명해지고, 조작적 정의를 통하여 그러한 개념을 경험세계에서 직접 측정할 수 있음
- 조작적 정의는 개념에 대한 측정의 문제와 관련된 것

◎ 개념적 정의는 측정 대상이 갖는 속성에 대한 개념적, 추상적 표현임에 반하여, 조작적 정의는 그 속성에 대한 경험적, 구체적 표현임

◎ 조작적 정의는 추상적 개념을 관찰 가능한 형태로 표현해 놓은 것

3. 개념적 정의와 조작적 정의의 사례

◎ 의회신뢰와 정치적 효능감의 관계 검증 연구

• 개념적 정의

▶ 의회신뢰

- 기능적 신뢰와 규범적 신뢰의 두 가지 차원으로 구분됨
- 기능적 신뢰: 구체적 정책 산출에 대한 경험을 토대로 나타난 의회의 실질적 기능에 대한 지지 또는 만족
- 규범적 신뢰: 의회의 존재에 대한 광범위한 수용이나 의회제도의 필요성에 대한 인식으로 나타나는 상징적, 규범적 차원의지지 또는 수용
- 이러한 두 가지 차원의 의회신뢰의 정도에 영향을 미칠 것으로 생각되는 변수는 정치적 효능감 이외에도 국회의원과의 접촉정도, 정당선호의 성향, 국회의원의 자질에 관한 인식, 지역구 의원의 성과, 생활 만족도와 국회의 기여도 등이 고려됨

▶ 정치적 효능감

- 개인의 정치적 행위가 정치과정에 영향을 미칠 수 있다는 느낌, 즉 개인의 정치적 자신감 내지 정치에 영향을 미칠 수 있다는 느낌을 의미하는 것으로 정의

- 조작적 정의

▶ 경험적 연구를 수행하기 위해서는 두 가지 차원의 의회신뢰와 정치적 효능감의 정도를 측정하는 데 필요한 조작적 정의가 필요

▶ 자료는 시민의 태도에 관한 조사를 통해 수집될 수밖에 없음

▶ 그러므로, 조작적 정의는 설문조사에서 응답자인 시민의 태도를 묻는 문항을 설계하며, 각각의 문항에 대해 '찬성'과 '반대'의 정도를 5점 척도상에서 묻는 다음과 같은 문항으로 조작화

▶ 의회에 대한 기능적 신뢰

－ 역대 국회의 활동을 회고해 보면 국회가 해야 할 일을 제대로 했다고 생각한다.

－ 현 국회 활동을 지켜보면서 국회가 해야 할 일을 제대로 하고 있다고 생각한다.

▶ 의회에 대한 규범적 신뢰

－ 헌법을 개정하여 국회의 권한을 축소하더라도 별로 문제 될 것 없다.

－ 우리나라에 국회가 꼭 필요하다고 생각하지 않는다.

－ 국회에서 정부가 하는 일을 지나치게 따지고 문제 삼는 것은 국민생활에 별로 도움이 되지 않는다고 생각한다.

▶ 정치적 효능감

－ 내가 투표를 하건 안 하건 결과에 큰 차이가 없을 것이다.

－ 정치란 원래 하는 사람이 따로 있기 때문에 내가 아예 관여하지 않는 것이 좋다.

- 누가 국회의원이 되건 어느 정당이 정권을 담당하건 국회활동
  은 다 마찬가지다.
- 국회의원들은 나 같은 사람이 무엇을 생각하는가 상관하지 않
  는다.
- 국회의 활동은 너무 복잡해서 나 같은 사람은 이해하기 힘들다.
- 나는 다른 사람에 비하여 정치적 영향력이 별로 없다.

4. 변수의 종류

◎ 변수란 연구대상의 경험적 속성을 나타내면서, 계량적인 수치
  를 부여할 수 있는 개념

◎ 독립변수와 종속변수
• 독립변수란 종속변수의 원인으로 추정된 변수
• 독립변수는 원인변수이고 종속변수는 그 결과변수
• 종속변수는 설명되는 변수(explained variable), 독립변수는 종속
  변수의 변화를 설명하는 변수(explanatory variable)
• 종속변수는 예측되는 변수, 독립변수는 예측을 하게 하는 변수

◎ 독립변수와 종속변수 간 관계에 영향을 미치는 변수
• 독립변수와 종속변수와의 관계에 영향을 미치는 제3의 변수
• 외재적 변수(extraneous variable)(허위변수)
  독립변수와 종속변수의 관계가 표면적으로 인과관계인 것처럼
  보이는 경우에도 실제로는 두 변수가 우연히 어떤 변수와 연

결됨으로써 관계가 있는 것처럼 보이는 변수

• 매개 변수(intervening variable)

독립변수와 종속변수의 사이에서 독립변수의 결과인 동시에 종속변수의 원인이 되는 변수

• 선행 변수(antecedent variable)

인과관계에서 독립변수에 앞서면서 독립변수에 대해 유효한 영향력을 행사하는 변수

• 구성 변수(component variable)

포괄적 개념을 구성하는 하위변수

• 억제 변수(suppressor variable)

두 변수 X, Y가 서로 관계가 있는데도 관계가 없는 것으로 나타나게 하는 제3의 변수(권위주의적 태도와 계급적 지위는 관계가 없는 것으로 나타났으나, 교육수준을 통제해 보니까 계급이 높을수록 강한 권위주의적 태도를 나타냄 - - >교육수준이라는 변수가 작용하여 본래의 권위주의적 태도와 계급적 지위와의 관계를 약화 내지 은폐시킨 것으로 볼 수 있음)

• 외곡 변수(distorter variable)

두 변수 X, Y의 사실상 관계를 정반대의 관계로 나타나게 하는 변수(기혼자의 자살률이 미혼자의 자살률보다 높다→연령변수 포함 시 실제 결혼과 자살과의 관계가 그 반대, 같은 연령층이라면 미혼자의 자살률이 기혼자의 자살률보다 높다.)

◎ 범주변수와 연속변수

• 척도의 유형에 따른 분류

- 범주변수
  - ► 명목척도와 서열척도로 측정된 측정값을 갖는 변수
  - ► 가감승제가 불가능하기 때문에 비계량 변수
  - ► 범주변수 중 다중회귀분석에 사용하기 위하여 1과 0의 값을 부여한 변수를 가변수(dummy variable)
- 연속변수
  - ► 등간척도나 비율척도로 측정된 값
  - ► 계량 변수

◎ 잠재변수와 측정변수
- 잠재변수
  - ► 관찰되지 않은 실체를 의미
  - ► 추상적인 개념이 잠재변수
- 측정변수
  - ► 잠재변수를 측정하기 위해서 조작화된 변수

◆ 변수의 측정

1. 측정의 개념

◎ 추상적·이론적 세계와 경험세계를 연결시켜 주는 수단
◎ 측정이란 개념 또는 변수를 현실세계에서 관찰 가능한 자료와 연결시켜 주는 과정

◎ Kerlinger

　일정한 기준에 따라 대상 또는 사건에 수치를 부여하는 과정

◎ 측정의 본질은 측정대상의 세계를 수치의 세계와 대응시키는 것

◎ 질적 속성을 양적 속성으로 전환하는 작업

◎ 측정 대상자나 대상물 자체를 측정하는 것이 아니라 측정 대
　상이 지니고 있는 속성에 수치를 부여하는 것(사람의 신장과
　몸무게를 측정할 때 사람의 키와 몸무게라는 s속성에 수치가
　부여되는 것)

◎ 측정 도구가 갖추어야 할 기준

• 측정 도구가 측정하고자 하는 측정 대상의 속성을 정확하게
　반영하여야 함(측정 도구의 타당성)

• 측정 도구는 동일한 상황에서뿐 아니라 서로 다른 상황에서도
　동일한 관칙대상을 측정하면 그 측정값이 같아야 함(측정 도구
　의 신뢰성)

2. 측정의 수준과 척도

◎ 측정이란 설명하고자 하는 연구 대상의 속성을 나타내는 개
　념에 측정 도구를 적용하여 수치를 부여하는 작업

◎ 명목수준의 측정과 명목척도

• 측정대상의 속성을 분류하거나 확인할 목적으로 수치를 부여
　하는 것

• 측정대상을 단순히 분류하거나 범주화할 목적으로 측정대상의

속성에 부호나 수치를 부여하는 것

- 남자 1, 여자 2, 직업, 학력, 소속 부서, 종교, 지지정당, 거주지 등
- 명목측정의 분류과정의 원칙

► 분류범주는 모든 대상을 총망라하여야 함(거주지 분류 시, 대도시, 중소도시만을 범주화하여 농촌을 분류하지 못하는 경우 방지)

► 분류범주는 상호 배타적이어야 함(하나의 대상이 두 개의 범주에 속하지 않도록 설정)

► 분류범주는 실질적 적절성이 있어야 함(연구문제와 밀접한 관련이 있어야 함)

► 분류체계의 일관성(하나의 분류원리에 입각하여 구성)

◎ 서열수준의 측정과 서열척도

- 측정대상을 그 속성에 따라 서열이나 순위를 매길 수 있도록 수치를 부여하는 것
- 각 범주 간에 서열 또는 대소 관계의 구분이 가능한 측정
- 크다, 높다, 멀다, 친하다 등 부등호로 표현가능(>, <)
- 서열척도에서의 수치는 명목척도의 분류능력에다가 분류된 범주 간의 서열을 나타낸다는 의미(반에서 1등, 2등, ……)
- 전적으로 찬성, 찬성, 보통, 반대, 전적으로 반대

◎ 등간격 수준의 측정과 등간척도

- 측정 대상을 속성에 따라서 서열화하는 것은 물론, 서열 간의 간격이 동일하도록 수치를 부여하는 것
- 하나가 다른 하나보다 크다, 작다뿐만 아니라, 그 둘 사이가

얼마만 한 단위로 차이가 나는지 알 수 있음

- 등간격 수준의 측정이 이루어질 수 있으려면 측정단위가 있어야 함
- 측정 단위는 일정 정도를 나타내고, 그 정도는 불변이며, 공통적인 표준으로 공인되거나 될 수 있어야 함
- 시간, 거리, 무게, 온도
- 영상 40도는 영상 20도보다 2배 덥다고 말할 수 없음

◎ 비례수준의 측정과 비율척도

- 측정대상의 속성에 절대적 0, 또는 자연적인 0을 가진 척도
- 등간척도의 성격을 가지면서 거기에 절대적인 0이 존재하기 때문에 가감승제가 모두 가능
- 월소득이 200만 원인 사람은 월소득 100만 원인 사람보다 소득이 2배가 많다고 할 수 있음

◎ 명목척도: 속성이 같은 것끼리 단순히 분류만 하는 기능을 수행

◎ 서열척도: 명목척도의 기능＋측정대상의 속성에 따른 범주 간에 크고 작음 같은 것을 비교 가능

◎ 등간척도: 서열척도의 기능＋측정대상의 크기를 나타내는 간격이 표준화된 단위로 규정

◎ 비율척도: 등간척도의 기능＋절대적인 0의 값이 존재하여 가감승제의 모든 산술적 조작 가능

◆ 측정 도구와 척도의 구성

1. 측정 도구 및 척도의 의미 및 필요성

◎ 척도

논리적으로 또는 경험적으로 서로 연관되어 있는 여러 개의
문항 또는 지표들로 이루어진 복합적 측정 도구

◎ 척도를 사용하는 이유
• 척도는 하나의 문항이나 지표로는 제대로 측정하기 어려운 복
합적인 개념들을 측정할 수 있음
• 척도는 여러 개의 지표(또는 문항)를 하나의 점수로 내타냄으
로써 자료의 복잡성을 덜어 줄 수 있음
• 척도의 단일 차원을 검증해 볼 수 있음
• 복수의 지표로 구성된 척도를 사용하게 되면 단일문항(지표)을
사용하는 경우보다 측정의 오류를 줄일 수 있음

2. 척도구성의 기본전제

◎ 표준화된 척도가 없을 경우 연구자가 그 척도를 개발하여야 함

◎ 척도 개발 시 기본 전제
• 이론적으로 어느 한 측정대상에는 측정하고자 하는 속성을 나

타내는 무한한 수의 항목 또는 문항(모집단)이 존재 → 연구자
는 측정도의 개발에 앞서 문항 모집단의 성격과 범위 등을 분
명하게 규정하고, 문항의 모집단에 속하는 다수의 문항을 개발
하여야 함
- 측정대상은 그 항목 및 문항의 모집단으로부터 추출된 일정
  수의 항목 또는 문항표본에 입각하여 측정되는 것→문항의 모
  집단으로부터 추출된 문항표본이 문항 모집단을 대표하는 것
  인지, 문항 수는 몇 개로 할 것인지를 규정
- 하나의 척도는 단일 차원(척도를 구성하는 문장은 공통적인 속
  성을 나타내야 함)의 연속체를 전제로 함
⇒ '직무만족도'의 측정 도구 엄무자체에 대한 만족도(18개 문
   항)+보수에 대한 만족도(9개 문항)+승진에 대한 만족도(9개
   문항)+상관의 리더십에 대한 만족도(18개 문항)+동료에 대
   한 만족도(18개 문항)

3. 척도구성의 방법

◎ 서스톤 척도법
- 유사 등간기법, 1대 1 비교법, 순자적 등간비법
- 유사 등간기법의 일반절차
► 연구자가 연구하고자 하는 태도와 관련된 100개 이상의 문장
  을 만듦
► 다수의 평가자들(50~100명)로 하여금 이들 문장들을 11개 정

도의 범주(가장 우호적인 것부터 가장 비우호적인 것에 이르
는 척도)로 분류하게 함
► 연구자는 척도상의 각 점수를 대표할 수 있는 문장을 몇 개씩
선정하여 척도를 구성

◎ 보가더스 척도법
• 사회계급과 같은 여러 가지 형태의 사회집단에 대한 사회적
거리를 측정하기 위한 척도
• 한 집단이 다른 집단에 대해 얼마나 거리감을 느끼는지 측정
할 때 사용
• 응답자들은 순서가 매겨진 일련의 진술에 응답하는데, 가장 위
협적이거나 가장 거리가 먼 진술을 한쪽 끝에 배치, 가장 덜
위협적이거나 사회적으로 가장 친밀한 진술을 다른 끝에 배치
⇒접촉을 거부하거나 사회적으로 거리가 있는 문항에 대하여
불편한 느낌을 가진 사람은 사회적으로 가까운 거리의 문항을
거부
• 일본사람(또는 장애인)을 ① 우리나라의 방문객으로 받아들인
다. ② 이웃동네에 받아들인다. ③ 같은 직장동료로 받아들인
다. ④ 개인적 친구로 사귄다. ⑤ 형제 또는 자매와 결혼하여
가족구성원으로 받아들인다. ⑥ 나의 배우자로 받아들인다.

◎ 거트만 척도법
• 보가더스 척도를 바탕으로 체계적으로 발전시킨 것
• 척도를 구성하는 과정에서 문항들의 단일 차원성을 경험적으
로 검증되도록 설계한 척도

◎ 리커트 척도법

- 가장 실용성이 높고 많이 사용하는 방법
- 리커트가 개발한 총화평정법에 의한 척도구성방법
- 구성절차

▶ 측정하고자 하는 쟁점 또는 태도에 긍적－부정, 호의적－비호의
  적, 찬성－반대의 방향이 뚜렷한 문장을 대략 20개 정도 만듦

▶ 각 문장에 대하여, 그 쟁점이나 평가대상의 성격에 따라서 찬
  반태도, 호의적－비호의적, 인정－불인정, 개연성 여부 등의
  정도를 나타내는 응답범주를 만듦(적극찬성, 찬성, 중립, 반대,
  적극반대→5점 척도, 연구목적에 따라 3~7점 척도 구성)

▶ 주어진 문장들의 내용과 관련하여 대표성 있는 응답을 할 수
  있을 것으로 보이는 응답자들의 표본(약 500명 정도)으로부터
  이들 문항에 대한 응답을 받음

▶ 각 문항에 대한 응답자의 반을 점수로 환산(1점~5점, 1점~7점)

▶ 각 응답자의 응답의 총점을 구함, 총점은 각 문항에 대한 응
  답의 평점을 모두 합한 수치

▶ 문항분석을 통하여 문항끼리의 내적 일관성 또는 각 문항에
  대한 응답과 총점과의 일관성을 판단

▶ 문항분석결과 일관성이 낮은 문항을 버리고, 응답자들의 태도
  를 잘 차별화시키는 문항들, 즉 식별 능력이 있는 문항만을
  선택

▶ 6개의 문항은 되어야 척도를 구성할 수 있다는 것이 일반적
  기준

◎ 어의차별 척도법

• 여러 응답자들이 동일한 대상을 어떻게 평가하는지를 측정하는 일종의 태도 척도

4. 척도분석의 방법

◎ 척도분석은 복수의 문항으로 구성된 척도의 적합성을 검증하는 분석

◎ 문항분석, 요인분석, 스캘로그램분석 등

◎ 문항분석

• 척도를 구성하는 문항끼리의 내적 일관성, 그리고 각 문항과 전체 척도와의 관계를 평가하여 척도의 정확성을 평가

• 문항의 모집단에서 추출한 표본문항들에 대한 응답자의 응답값이 모집단의 참값들과 상관관계가 크다면 문항표본은 좋은 표본

• 만일 척도를 구성하는 문항들이 단일차원이며 하나의 구성개념으로부터 도출된 것이라면 그 항목들에 대한 응답은 높은 상관관계를 가져야 함

• 그 값들이 상관관계가 낮다면 그 문항들이 그 구성개념의 영역으로부터 도출된 단일차원의 척도가 아니라는 사실

• 문항분석에서는 척도를 구성하는 항목들 간 연관관계 및 내적 일관성을 평가하는 지표로서 크론바하의 α값을 사용

제15절 측정의 타당성과 신뢰성

◆ 측정과 측정 오차

1. 측정 오차의 개념

◎ 측정

연구대상의 속성에 측정 도구를 적용하여 수치를 부여하는 것
⇒ 측정하고자 하는 속성 또는 실제 값을 항상 정확하게 측정할
수 있는 것은 아니기 때문에 측정 오차의 문제가 발생

◎ 측정 오차

- 측정 대상이 갖는 참값(true scores)과 측정 도구를 정용하여 측
정한 결과 얻어진 측정값 사이의 불일치의 정도 또는 그 차이
를 의미
- 이상적으로 어떤 대상의 속성에 대한 측정결과는 가능한 한
그 대상이 갖고 있는 일체의 속성을 동일 구조적으로 나타낼
수 있어야 함
- 측정 대상이 갖는 내용과 측정결과는 항상 일정한 차이가 있
기 마련
- 사람의 신장이나 몸무게와 같은 관찰 가능한 속성을 측정하는
경우에도 측정 도구(저울, 자 등)가 갖는 한계로 인하여 실제
값을 완벽하게 측정하기 어려움

- 사회과학연구에서 사용되는 추상적인 개념 또는 구성개념을 측정할 때도 연구자가 고안한 측정 도구를 적용하여 측정하고자 하는 개념의 속성을 나타내는 참값과 일치하는 측정값을 얻는 것은 거의 불가능

2. 측정 오차의 종류: 체계적 오차와 무작위 오차

◎ 체계적 오차(systematic error)
- 측정 대상에 대하여 어떠한 영향이 체계적으로 미침으로써 그 오차가 항상 일정한 방향으로 나타나는 경향
- 모든 측정대상에 대하여 측정결과 실제 값보다 높게 나오거나 또는 낮게 나오는 경향

◎ 무작위 오차(random error)
- 측정 과정에서 우연히, 일시적 사정에 의해서 나타나는 오차
- 체계적 오차는 일정 방향으로 편향되어 있는 데 반하여, 무작위 오차는 그 방향이 일정하지 않음

$$Xm = Xt + Xs + Xr$$

단, Xm: 측정 도구를 적용하여 구한 측정값

Xt: 참값(true value)

Xs: 체계적 오차(systematic error)

Xr: 무작위 오차(random error)

- 측정 오차($Xs + Xr$)가 작다면 그 측정도는 타당성이 높음
- 실제에 있어 $Xm = Xt$의 관계 성립은 불가능

◎ 측정 도구의 신뢰성

- 측정 대상의 동일한 속성을 동일한 측정 도구를 가지고 여러 번 측정했을 때 그 측정값들이 서로 동일하다면, 그 측정 도구는 신뢰성이 높음
- Xr(무작위 오차)=0인 경우에 그 측정 도구는 신뢰성이 매우 높음

◎ 측정의 타당성과 신뢰성의 관계

- 어떤 측정 도구가 타당하다면 그 측정 도구는 신뢰성이 높음
- 어떤 측정 도구가 신뢰성이 높다고 하더라도 그 측정 도구가 반드시 타당한 것은 아님
- ▶ 무작위 오차가 없을 경우($Xr = 0$)라도, 체계적 오차는 존재할 수 있음($Xm = Xt + Xs$)
- ▶ 신뢰성은 타당성의 필요조건이기는 하지만 충분조건은 될 수 없음

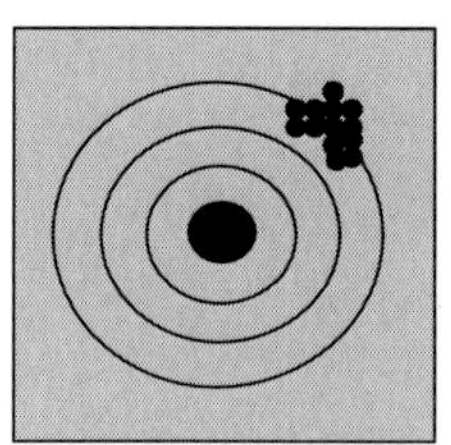

신뢰성은 높으나 타당성이 낮은 경우

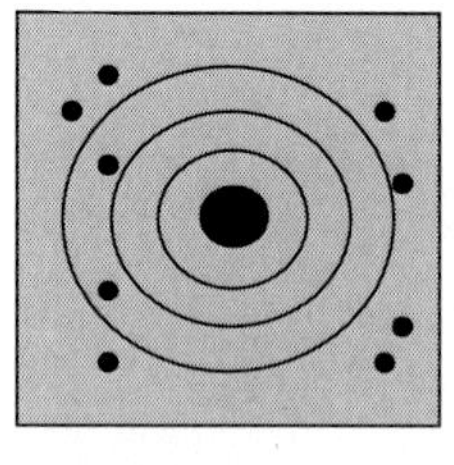

신뢰성과 타당성이 모두 낮은 경우

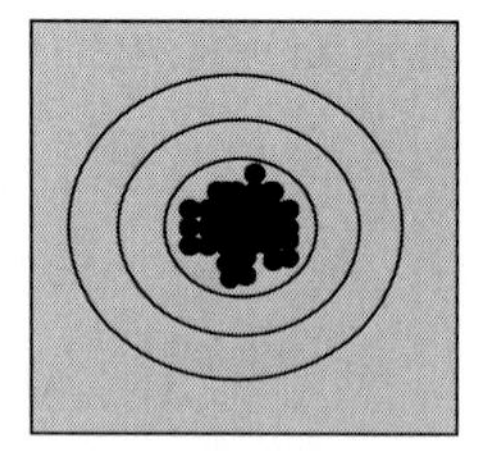

신뢰성과 타당성이 모두 높은 경우

◎ 측정값＝참값＋오차

◎ 오차＝체계적 오차＋무작위 오차(측정의 신뢰성과 관련)

◆ 측정의 타당성

1. 타당성의 개념

◎ 측정의 타당성
- 측정하고자 하는 것을 얼마나 실제에 가깝게 측정하고 있는 정도
- 조사설계의 타당성보다는 좁은 개념
- 추상적 개념을 측정하기 위해 측정 지표나 측정 문항을 개발하여 사용하고 있음
- 정확한 측정결과를 얻기 위해서는 측정지표들이 측정하고자 하는 개념을 얼마나 정확하게 측정할 수 있는지, 그 타당성이 평가되어야 함
- 타당성은 측정 도구가 측정하고자 하는 개념이나 속성을 얼마나 정확히 반영하느냐의 정도를 나타내므로 결곡 측정개념에 대한 개념적 정의와 조작적 정의의 타당성을 의미
- 내용타당성(content validity) 또는 논리적 타당성(logical validity)
- 기준타당성(criterion－related validity) 또는 경험적 타당성(empiri－cal validity)
- 구성개념 타당성(construct validity)

2. 내용 타당성과 평가방법

◎ 내용 타당성의 의미
- 측정 도구에 포함된 내용, 즉 측정 도구를 구성하는 측정지표 (문항)가 측정하고자 하는 내용을 대표하고 있는가를 나타냄
- 측정 도구에 포함된 지표(또는 문항)가 내용의 모집단(또는 문항의 모집단)을 대표하고 있는지의 정도를 나타내는 측정 도구의 대표성 또는 표본문항 추출의 적절성
- 논리적 타당성

◎ 평가방법
- 측정 문항의 무작위 추출이 불가능
- 내용 타당성의 평가는 기본적으로 전문가의 판단에 의존하게 됨

3. 기준 타당성과 평가방법

◎ 기준 타당성의 의미
- 하나의 측정 도구를 사용하여 측정한 결과를 다른 기준을 적용하여 측정한 결과와 비교하여 나타난 관련성의 정도를 의미
- 이미 타당성이 있다고 알려진 다른 기준과 비교한 측정도의 타당성
- 이미 타당성이 경험적으로 입증된 기준과 관련시켜서 타당성을 검토하기 때문에 경험적 타당성이라 부르기도 함

- 측정 도구가 어떤 기준 변수의 값을 얼마나 정확하게 예측할 수 있는가를 평가하는 것
- 평가의 기준변수가 미래 시점에 관한 것이면 예측적 타당성이라고 부르고, 현재 상태를 나타내는 것일 경우에는 이를 동시적 타당성이라 부름

◎ 평가방법
- 그 측정 도구를 적용하여 얻은 측정값과 기준변수를 적용하여 얻은 측정값에 대한 상관분석을 실시하여야 함
- 상관분석결과 상관계수 값이 크면 기준 타당도가 높음

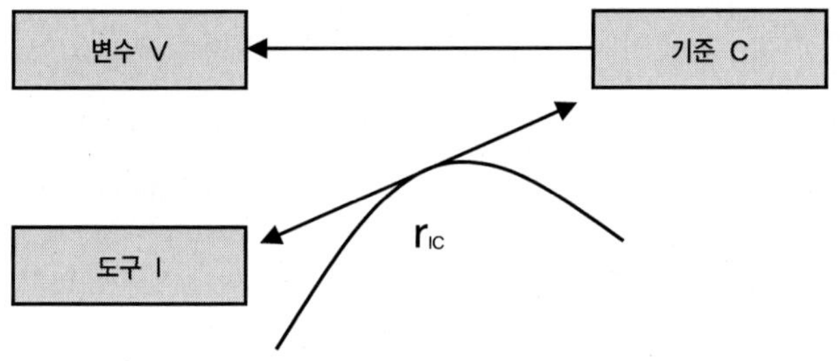

- 하나의 변수(V)가 어떤 측정 도구(I)에 의하여 측정되었는데, 연구자가 그 측정 도구의 예측적 타당성을 평가하기를 원한다고 하자.
- 그 예측적 타당성을 평가하기 위하여 타당성이 인정된 어떤 기준(C)이 사용됨.
- I를 적용한 측정값과 C를 적용한 측정값 간의 상관관계를 구함. 이때 I와 C 간의 상관계수 YIC를 타당도 계수라고 함

- 기준 변수가 다수인 경우에는 회귀분석이 사용
- 기준 타당성 평가가 어려운 이유
- 측정 도구의 기준 타당성을 측정할 수 있는 좋은 기준을 마련하기 어려움
- 기준으로 사용하는 속성을 정의하기가 어렵고, 측정에 소요되는 비용이 과다

4. 구성개념 타당성

◎ 구성개념 타당성의 개념
- 사회과학 분야의 측정이론에서 중요시되는 유형의 타당성
- 추상화의 정도가 높은 개념을 구성개념이라 부름
- 연구자가 연구목적에 따라 내리는 개념적 정의에 의해 의미가 규정
- 구성개념 타당성이란 연구자가 측정하고자 하는 추상적인 개념이 실제로 측정 도구에 의하여 제대로 측정되었는지의 정도를 나타냄
- 연구에 사용된 이론적 구성개념과 이를 측정하는 측정 도구 또는 측정 수단들 간의 일치의 정도를 나타내는 개념
- 구성개념 측정에 있어 타당성이 확보되려면 측정 도구의 수렴적 타당성과 차별적 타당성이 높아야 함
- ▶ 수렴적 타당성(convergent validity)
- – 같은 개념을 상이한 측정방법으로 측정했을 때 그 측정값 사

이의 상관관계의 정도를 나타냄

- 같은 개념을 측정하려는 여러 측정지표들 간에 상관관계가 높으면 그러한 측정 지표는 타당성이 높고, 그렇지 못할 경우에는 타당성이 낮음
- 수렴적 타당성은 같은 개념을 측정하는 경우에는 상이한 측정방법을 사용하더라도 그 측정값들은 하나의 차원으로 수렴하여야 한다는 원리
- 하나의 이론적 구성개념과 이를 나타내는 복수의 측정방법에 의한 측정결과 간의 관계를 나타내는 개념인데, 그 측정결과들의 상관관계가 높을 때 수렴적 타당성이 높음

► 차별적 타당성(discriminant validity)

- 서로 다른 이론적 구성개념을 나타내는 측정지표들 간의 관계를 나타내는 개념
- 상이한 구성개념을 측정하는 측정지표들 간의 상관관계가 낮을 경우 차별적 타당성이 높음

◎ 구성개념 타당화의 방법

• 다속성 · 다측정 방법 행렬분석

► 측정지표의 수렴적 타당성과 차별적 타당성을 평가하기 위해 개발된 방법(Compbel과 Fiske)

► 구성개념의 타당성이 높으려면 동일한 속성(구성개념)을 측정하기 위하여 상이한 유형의 측정 도구를 사용할 때에도 이들 측정값 간의 상관관계가 높아야 함

► 상이한 속성을 측정하기 위하여 유사한 형태의 측정 도구를

사용했다 하더라도 그 측정값 간의 상관관계는 낮아야 함

- 요인분석 방법
▶ 항목들 간의 상관관계가 높은 것끼리 묶어 공통요인을 추출하는 것
▶ 구성개념의 타당성 평가를 위한 요인분석에서는 서로 상이한 개념에 대하여 각각 여러 가지 방법을 적용하여 측정지표(문항)를 구성한 다음, 그 측정값을 사용하여 요인분석을 실시하여, 그 결과로 나온 요인들이 원래 의도한 개념을 대표하는지를 평가
▶ 하나의 요인으로 묶인 측정항목들은 동일한 개념을 측정하는 것으로 간주됨(수렴적 타당성이 있음)
▶ 원래 다른 개념을 측정하는 것으로 생각되었던 지표들이 서로 다른 요인으로 묶였을 경우는 차별적 타당성이 높은 것으로 평가

◆ 측정의 신뢰성

1. 신뢰성의 개념과 차원

◎ 개념
- 추상적인 개념을 측정하는 측정 도구의 타당성을 평가하는 것은 어려움

- 따라서 측정의 정확성을 논할 때에 측정 도구의 신뢰도를 따지게 됨
- 측정의 신뢰성이란 동일한 대상에 대하여 같거나 유사한 측정 도구를 사용하여 반복 측정할 경우 동일하거나 비슷한 결과를 얻을 수 있는 정도
- 신뢰도가 낮을 경우 측정과정이 불규칙적이고, 불안정하고, 일관성이 없는 결과 나타남
- 신뢰도가 높은 경우 측정 과정 또는 측정 수단 그 자체의 특성 때문에 하나의 지표에 의하여 산출되는 숫자로 나타난 결과의 변화가 거의 없음(목욕탕 저울에 몸무게를 재는 경우)

◎ 신뢰도 차원

- 안정성 신뢰도(stability reliability)
- ► 측정 도구의 안정성이란 시간의 경과에 관계없이 안정적인 결과가 나타나는가에 관한 것
- ► 매번 측정할 때마다 동일한 결과를 얻을 수 있음
- ► 측정 도구의 안정성은 하나의 측정 도구를 동일집단에 대하여 두 번 적용하는 재검사법을 사용하여 검사할 수 있음, 그러므로 안정성 신뢰도는 재검사 신뢰도라고 부르기도 함

- 동등성 신뢰도(equivalence reliability)
- ► 복수의 측정지표를 사용하고자 할 때, 즉 설문조사에서 하나의 구성개념을 복수의 문항으로 측정하는 것과 같이 구성개념의 조작화에서 복수의 측정 도구를 사용할 때 적용
- ► 척도를 적용할 때 상이한 지표들 사이에 일관성 있는 결과가

나타나는가에 대한 것

► 내적 일관성 신뢰도라 하기도 함

• 코더 간 신뢰도(Inter – coder reliability)

► 동등성 신뢰도의 특수한 형태

► 동일한 정보에 대하여 복수의 코더를 활용할 때 제기

• 모집단 대표성 신뢰도(representative reliability)

► 여러 하위 모집단 또는 하위 집단들에 적용될 때의 문제

► 그 측정 지표가 상이한 집단에 적용될 때 동일한 응답을 얻을
수 있는가에 대한 문제

◎ 신뢰성의 평가 이론

• 신뢰도는 측정 도구가 갖는 측정 오차의 크기에 반비례

• 동일한 대상을 반복하여 측정할 때에 측정 도구의 측정 오차
가 클수록 측정 도구의 신뢰도는 낮아짐

• 통계적으로 신뢰도는 일정한 조사 대상에 측정 도구를 적용하
여 측정된 값의 총분산 중에서 참값의 변량의 비로 정의

• 신뢰도는 그 값에 있어 0에서 1의 범위를 가짐

• 실제 조사에 있어서는 측정값에서 오차의 정도를 통하여 추정

◎ 신뢰성과 타당성과의 관계

• 신뢰도는 타당성의 필요조건이며 타당성보다는 갖추기 쉬움

• 측정 도구가 타당하다면 그 측정 도구는 신뢰성이 높음, 그러
나 측정 도구가 신뢰성이 높다고 하더라도 그 측정 도구가 반
드시 타당한 도구라고 할 수 없음

2. 신뢰도의 추정방법

◎ 재검사법(test – test method)

• 신뢰도의 개념을 직접 적용하는 방법

• 동일 측정 도구를 동일한 상화에 동일 대상에게 서로 다른 시
간에 측정한 결과를 비교하는 방법

• 측정 도구가 시간을 두고 어느 정도의 안정성을 갖는가를 나
타내는 지표

• 검사와 검사 사이의 기간 동안 측정의 타당성을 저해하는 검
사요인의 효과(처음 측정이 재검사 점수에 영향을 미치는 효
과), 성숙요인의 효과(측정 간격이 길 때 조사 대상 집단의 특
성 변화에 따른 효과), 역사요인 효과(측정 기간 중 발생한 사
건의 영향) 등이 발생할 수 있음

◎ 복수 양식법(multiple forms techniques)

• 재검사법의 문제를 극복하기 위한 방법

• 유사한 형태의 두개 이상의 측정 도구를 사용하여 동일한 표
본에 적용한 결과를 비교하여 신뢰도를 측정하는 방법

• 두 측정 도구의 등가성을 확보하는 문제 발생

◎ 반분법(split – half method)

• 측정 도구를 임의로 반으로 나누어서 각각을 독립된 척도로
보고 이들의 측정결과를 비교하는 방법

• 전제조건

► 측정 도구가 같은 개념을 측정(측정 도구의 동질성)

► 양분된 측정 도구의 문항, 또는 항목의 수는 그자체가 각각 완전한 척도를 이룰 수 있을 만큼 충분하여야 함

◎ 내적 일관성 분석(internal consistency analysis)
• 신뢰도 계수: 크론바하의 알파값
• 동일한 개념을 측정하는 항목인 경우에 그 측정결과에 일관성이 있어야 한다는 논리에 따라 일관성이 없는 항목, 즉 신뢰성을 저해하는 항목을 찾아서 배제시킴
• 현실적으로 가장 많이 사용하는 방법
• 크론바하의 알파값이 0.60이 넘어야 신뢰도가 만족할 만한 수준

3. 신뢰도의 제고방안

◎ 신뢰도의 가치
• 측정 오차가 큰 경우 신뢰하기 어려움
• 신뢰도가 낮은 경우 좋은 연구결과를 기대할 수 없음
• 측정의 신뢰도는 연구결과의 가치와 해석에 대한 필요조건일 뿐 충분조건은 아님

◎ 측정의 신뢰도 제고 방안
• 측정 도구를 구성하는 문항을 분명하게 작성(내용을 명확하게 작성)
• 측정항목 수를 늘림
• 측정 도구를 적용하는 과정, 즉 자료수집 과정에서 측정의 일

관성을 보장할 수 있도록 함

- 측정지표에 대하여 사전 검사 또는 측정지표 초안에 대한 예
  비조사를 사용

제16절 표본추출 및 표본설계

◆ 표본추출의 의미

1. 표본추출의 의의

◎ 측정 도구가 구성 → 자료수집

◎ 자료수집 과정에서 연구자의 결정 사항

- 연구대상이 포함된 사람이나 집단 전부를 수집?

- 그 일부 표본만을 대상으로 자료를 수집?

◎ 표본을 대상으로 자료를 수집하는 경우에는 표본의 특성을 바
  탕으로 모집단의 특성을 추정할 수 있어야 함

◎ 표본의 특성이 전체 모집단의 특성을 대표할 수 있는지 여부
  (표본의 대표성)가 표본추출에서 핵심 쟁점

2. 표본조사의 이점

◎ 비용과 시간 절약

◎ 전수조사보다 더 정확한 자료를 얻을 수 있음

• 오차 = 표본추출오차 + 비표본추출오차

• 비표본추출오차가 전수 조사할 때보다 작음

► 표본조사에서 조사과정을 보다 잘 통제할 수 있음

► 전수조사의 경우 조사자, 조사 대상, 자료의 양이 많기 때문에 조사 과정과 집계 과정에서 발생하는 비표본추출오차가 큼

► 전수조사의 경우 표본조사보다 기간이 길어짐으로써 그 기간 동안 조사 대상이 되는 사회현상에 변화가 일어날 수 있어 정확도가 떨어짐

◎ 파괴적인 조사에 적용 가능

• 통조림 위생상태 점검 - >통조림 파괴

◎ 다량의 정보 확보 가능

• 비용이 전수조사에 비해 저렴하고 시간이 훨씬 절약되기 때문에, 더 많은 조사항목을 포함시킬 수 있음

◎ 표본의 대표성이 보장될 수 있도록 표본 추출에 세심한 주의와 타당성이 높은 표본 설계에 따라서 표본추출이 이루어져야 함

제17절 표본추출의 기초개념

1. 모집단(Population)

◎ 연구의 대상이 되는 집단

◎ 전수 조사를 통하여 직접 자료를 수집하거나 표본조사에 의
한 통계적 추정에 의하여 자료를 얻으려 하는 대상 집단

◎ 연구자가 궁극적으로 연구결과를 일반화시키려는 대상

◎ 실제 연구를 위해 표본을 추출해야 할 구성요소의 집합

◎ 모집단에서 명확히 규정해야 하는 사항

• 시간(time)

• 범위(extent)

• 내용(content)

◎ 모집단에서 명확히 규정해야 하는 사항(예)

  : 대통령선거에서 투표결과를 예측하기 위하여 표본을 추출하
려 할 때

• 대통령 선거일 현재 시점(시간)

• 한국에 거주하는(범위)

• 만 20세 이상의 사람(내용)

2. 구성요소와 표본추출단위

◎ 구성요소
- 모집단을 구성하고 있는 개별단위
- 구성요소에 관한 정보가 표본조사에서 분석의 기초가 됨

◎ 표본추출단위
- 표본추출의 각 단계에서 표본으로 추출되는 단위
- 우리나라의 유권자를 대상으로 표본 추출할 때
▶ 행정구역(특별시, 광역시 및 도, 시군구, 동읍면)을 단위로 몇 개 추출
▶ 구역 내의 가구 중에서 몇 개를 추출
▶ 최종적으로 가구 내의 유권자를 추출
⇒행정구역, 가구, 유권자는 각각 표본추출단위가 되며, 유권자는 모집단의 구성요소가 됨

3. 표본추출의 프레임

◎ 모집단의 구성요소나 표본추출단계별로 표본추출단위가 수록된 목록
- 표본추출단위를 모두 포함하여야 하며, 이중으로 포함되는 단위가 없어야 함
- 실제 모집단과 표본추출 프레임이 완벽하게 일치하는 경우는

어려움

◎ 표본추출 프레임의 전형적 문제(Leslie Kish)
• 일부의 표본추출 단위가 목록에서 빠져서 표본추출 프레임이
  불완전한 경우
• 원하는 구성요소 목록은 구할 수 없고 그 대신 이들을 포함하
  는 집락 목록만 이용 가능한 경우
• 모집단의 범위에서 벗어나는 다른 요소가 표본추출 프레임에
  포함되어 있는 경우

◎ 표본추출 프레임의 전형적 문제의 예
• 유권자를 표본으로 추출하기 위해 전화번호부를 표본추출 프
  레임으로 사용하고 있는 경우
• 전화를 보유하고 있지 않는 유권자는 표본추출 프레임에서 누락
• 전화는 각 유권자별로 가입된 것이 아니라 가구별로 가입하기
  때문에 전화번호부는 사실상 구성요소 목록이 아니라 집락 목
  록에 해당
• 전화번호부에는 연력이 미달되는 사람과 회사 등 모집단의 구
  성요소가 아닌 단위가 수록되어 있음
⇒ 선관위의 투표인명부와 같이 모집단과 일치하는 표본추출 프
  레임을 구하여 사용하여야 함

◎ 기존 목록을 사용하는 경우의 한계
• 목록이 있어도 대외비로 보여 주지 않는 경우
• 목록 자체가 불완전하므로 모집단과 불이치도가 큰 경우

• 이동 상황이 불완전하게 기록됨으로써 목록이나 목록의 기초
가 되는 문서 자체가 미흡한 경우

4. 표본추출비율

◎ 모집단의 크기에 대한 표본 크기의 비율
• 중앙정부 공무원에 대한 여론조사의 경우 전체 공무원 수가
20만 명인데 이 중 2,000명의 공무원을 표본으로 추출 조사했
다면
- 표본추출비율(p) = 표본크기(n)/모집단 크기(N) = 2,000/200,000
$$= 1/100$$
• 모집단을 구성하는 하위집단별로 표본의 비율을 달리하여 적
용하는 경우(가중표본추출)
- 교사와 학생 대상으로 조사를 실시하는 경우
- 교사의 의견을 학생의 의견만큼 중요하게 간주하고 견해 표명
의 기회를 부여하기 위해서 교사와 학생의 표본을 같은 수만
큼 추출

5. 표본추출오차와 비표본추출오차

◎ 표본자료에서 표본의 특성에 대한 통계량(산술평균, 표준편차,
비율 등) 계산

◎ 표본의 특성으로부터 모집단의 특성값, 즉 모수를 추정하고자
하는 것

◎ 표본의 통계량과 모집단의 모수는 정확하게 일치하지 않음

◎ 표본추출오차

• 표본조사의 통계량과 모집단의 모수의 차이

• 표본추출오차의 크기는 표본의 크기가 증가함에 따라 감소
(크기는 표본 크기의 제곱근에 반비례)

◎ 비표본추출오차

• 조사의 실시과정 및 조사결과의 분석 과정에서 발생하는 오차

• 표본 조사나 전수조사에서 모두 발생할 수 있는 오차

6. 표본조사에서의 추론

◎ 연구자는 표본을 추출한 후 표본으로부터 얻은 정보를 토대
로 모집단에 대하여 추론하고자 함

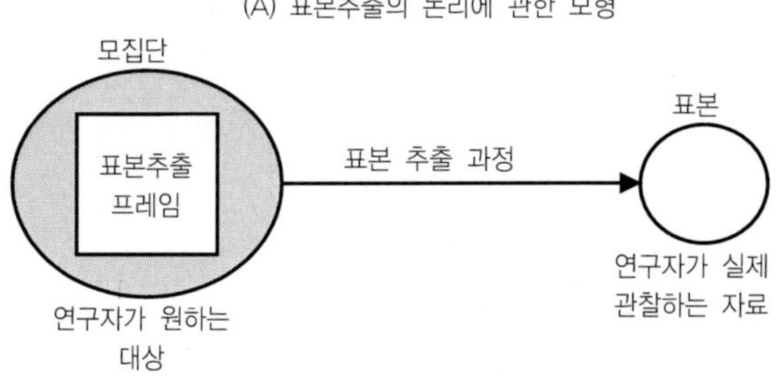

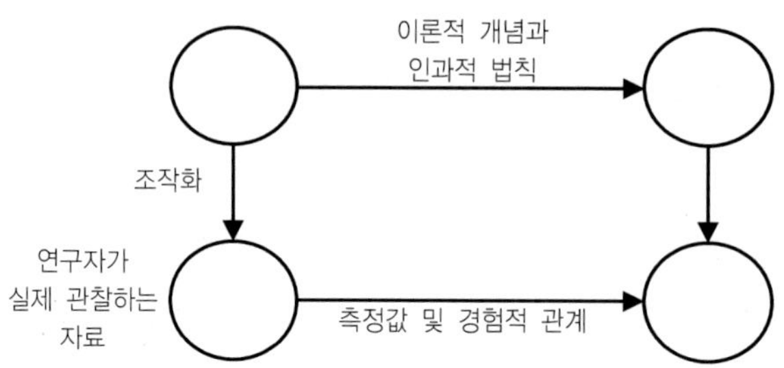

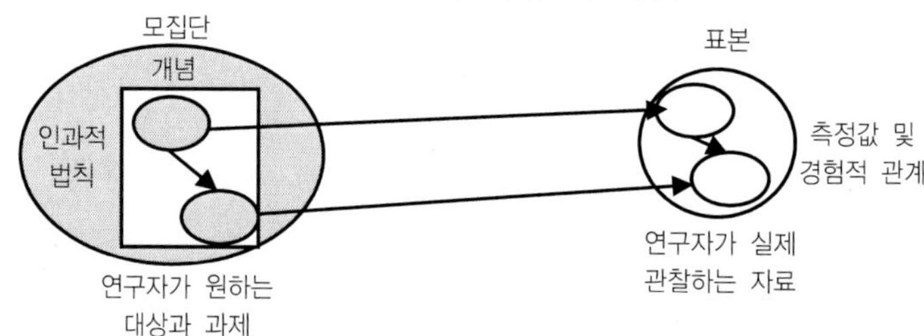

◆ 표본추출의 설계

1. 표본추출설계의 의의

◎ 표본추출의 설계에서 가장 중요한 문제는 대표성 있는 표본
  을 확보하는 것
◎ 표본추출의 설계 유형
 • 확률표본추출
 : 표본추출 프레임 내에 있는 단위들이 표본으로 추출될 확률이
  알려져 있고, 무작위로 추출하는 방법

☞ 비확률표본추출

2. 확률표본추출의 방법

◎ 단순무작위 표본추출(simple random sampling: SRS)

• 확률표본추출 방법의 가장 기본적인 유형

• 제비뽑기, 컴퓨터를 이용한 난수의 추출 방법

◎ 계통적 표본추출(systematic sampling)

• 모집단을 구성하는 구성요소의 목록을 이용할 수 있는 경우 사용

• 모집단을 구성하고 있는 구성요소들이 자연적인 순서 또는 일정한 질서에 따라 배열된 목록에서 매 k번째의 구성요소를 추출하는 방법

• 10,000개 중 1,000개의 표본을 뽑는다면, 그 목록에서 매 10번째 단위를 선택, 단, 첫 번째 요소는 반드시 무작위로 추출

◎ 층화표본추출(stratified sampling)

• 모집단을 일정한 기준에 따라 2개 이상의 동질적인 계층으로 구분하고, 각 계층별로 단순 무작위 추출방법을 적용하는 방법

• 모집단을 몇 개의 소집단으로 구분하되, 각 소집단 내의 구성요소들이 전체로서 모집단의 구성요소들 보다 더욱 동질적이 될 수 있도록 구분

• 1,000명의 공무원 중에서 100명의 표본을 뽑을 때, 700명은 6

급 이하, 200명은 5급, 100명은 4급 이상인 경우 무작위 표본
추출하면 비율대로 추출 불가능- >층화추출 방법 활용

◎ 집락표본추출(cluster sampling)

• 모집단을 여러 가지 이질적인 구성요소를 포함하는 여러 개의
집락 또는 집단으로 구분

• 구분된 집락을 표본추출단위로 하여 이들 집락 중에서 무작위
적으로 몇 개의 집락을 표본으로 추출

• 이들 표본으로 추출된 집락에 대하여 그 구성단위를 전수 조
사하는 방법

3. 비확률표본추출의 방법

◎ 편의표본추출(convenience sampling)

• 연구자가 쉽게 이용 가능한 대상들을 표본으로 선택하는 방법

• 가장 비용이 적게 들고 시간 절약하는 방법

• 접근이 용이한 대상만을 선정하여 표본이 편중되기 쉬움

• 아이디어나 가설을 추출하기 위한 탐색적 조사나 설문지의 사
전 조사에 주로 이용

◎ 판단표본추출(judgement sampling)

• 모집단의 구성요소들 가운데 표본에 포함되어야 할 요소를 선
정하는 데 있어 연구자의 주관적 판단이 중요한 기준이 되는
방법

- 연구자가 연구 목적 달성에 도움이 되는 구성요소를 의도적으로 추출

◎ 할당표본추출(quota sampling)
- 판단표본추출의 변형

◆ **자료수집방법**

1. 자료의 종류와 수집방법

1) 자료의 종류

◎ 1차 자료
: 연구자가 현재 수행 중인 조사연구의 목적을 달성하기 위하여 직접 수집하는 자료

◎ 2차 자료
- 연구자의 연구목적과 다른 목적을 위하여 독창적으로 수집된 자료
- 연구자 자신이 수행 중인 연구문제를 해결하기 위해 다른 목적으로 이미 수집된 자료를 재분석할 때의 자료(기존 자료)
- 수집비용이 저렴한 장점
- 분석단위가 서로 다른 경우 및 조작적 정의가 다른 경우 사용하기 어려운 문제점

◎ 3차 자료

동일한 연구문제에 관하여 방대하게 축적된 경험적 연구논문
들을 기반으로 하여 그 논문들을 대상으로 분석하는 연구(메
타분석)의 자료

2) 자료수집방법의 분류

◎ 관찰방법

◎ 의사소통방법

• 면접 방법

• 질문서법

2. 질문서와 서베이 조사방법

1) 질문서법의 의의

◎ 질문서

: 연구자가 조사하고자 하는 조사항목을 체계적으로 배열하여
  인쇄한 문서

◎ 질문서와 서베이 조사방법

• 표본추출: 연구 관심 대상 모집단을 대표할 수 있도록 무작위
  표본추출 활용

• 구조화된 질문서: 구조화된 질문서를 작성한 다음, 사전에 응

답자로 하여금 직접 기록하거나 면접을 통하여 그 응답을 기록
• 통계분석: 응답결과를 수치로 부여한 후 통계 분석을 실시

2) 질문서의 작성

◎ 질문서 설계의 일반적 절차
• 연구문제 및 연구목적과 자료수집방법과의 관계를 재점검
• 연구문제 및 목적에 비추어 질문서를 설계하고, 질문의 내용을
  결정
• 질문의 내용별로 질문의 형태와 질문방법을 결정
• 질문의 어구 구성과 질문의 순서를 결정
• 질문들을 배열하여 질문서를 작성
• 사전 검사를 거쳐 질문서를 수정
• 질문들을 확정하여 질문서를 인쇄

◎ 질문서 설계와 질문항목의 유형
• 질문서의 설계
► 어떤 변수를 측정할 것인지를 결정
► 그 변수를 정확하고 적절하게 측정할 수 있는 질문항목을 작성
► 질문항목들을 질문서에 논리적 순서에 따라 배열한 다음, 질
  문과 질문서에 대한 사전 검사 실시

• 질문항목의 유형
► 사실에 관한 질문
  응답자로부터 응답자의 배경, 환경, 습관 등의 객관적인 정보

를 얻기 위한 질문

- 인구통계학적 질문
- 사회경제적 배경에 관한 질문(수입, 직업, 경력, 종교 등)
- 알고 싶은 구체적 사실(도로포장 길이 등)

► 행동에 관한 질문
- 인간 행동을 예측하는 근거의 하나로 현재 하고 있거나 과거
  에 한 경험이 있는 행동에 대한 질문
- 공청회에 참석한 경험이 있는가? 결석한 경험이 있는가? 등
► 의견이나 태도에 관한 질문
- 태도는 특정한 주제에 대한 개인의 성향, 편견, 이념, 두려움,
  확신 등을 나타내고, 태도를 말로 표현한 것이 의견
- 의견이나 태도에 관한 질문은 사실에 관한 질문보다 질문의
  어구, 순서 등에 영향을 받기 쉬우므로 그 구성이 어려움
► 지식에 관한 질문
- 응답자가 특정한 주제에 대해 가지고 있는 지식과 그 정도 또
  는 정보의 정확성 등을 결정하기 위해서 사용되는 질문
- 인구통계학적 질문

◎ 질문서의 형식
• 개방형 질문과 폐쇄형 질문
► 개방형 질문
- 주어진 보기가 없이 응답자가 답을 적도록 하는 것
- 연구자들이 응답의 범위를 아는 데 도움->탐색적 조사연구
  나 의사 결정의 초기단계에서 유용

- 응답항목에 의해 생길 수 있는 편의를 없앨 수 있음
- 응답자가 상세한 부분까지 언급할 수 있음
- 질문에 따라 보기 선택 질문보다 쉬울 수 있음(어느 시에 살고
  계십니까?)

▶ 폐쇄형 질문
- 응답자들이 그 견해와 가장 비슷한 것을 선택하는 것
- 질문하기 쉽고 답하기 편해 분석이 간단함
- 응답자의 생각과는 다른 것을 강제적으로 선택해야 함(편의가
  생길 수 있음)

◎ 폐쇄형 질문에 대한 응답범주 구성
• 선택형 질문
▶ 가장 일반적 양식
▶ 등급형 질문과 서열식 질문은 선택형 질문의 특수한 형태
• 등급형 질문
▶ 사회과학에서 가장 흔히 사용
▶ 주제에 대한 응답자의 판단의 강도를 나타낼 때 사용
▶ 적극찬성, 찬성, 사정에 따라 다름, 반대, 적극반대
• 서열식 질문
▶ 응답자들이 어떤 태도나 대상을 중요하다고 생각하는 정도 및
  좋아하는 정도를 유사한 태도나 대상과 비교하여 알고자 할
  때 사용
▶ 만족도가 높은 기관부터 1부터 6까지 표시하시오

◎ 질문의 어구구성

• 용어의 선택

  모든 사람들이 같은 뜻으로 받아들일 수 있는 말로 구성

• 어구구성상의 문제점

▶ 편의된 질문(아주 좋다, 좋다, 괜찮다, 나쁘다)

▶ 세트응답(모든 질문에 대해 일정한 방향으로 대답하는 경향)

▶ 유도질문(연구자의 원하는 답을 보여 주는 질문)

▶ 위협적 질문(응답자를 불쾌하게 만드는 질문 – 마약, 도박, 성
  행위)

▶ 겹치기 질문(하나의 질문에 두 가지 이상을 질문)

◎ 질문의 배열순서

• 깔때기형 배열

▶ 앞 질문과 관련이 되어 있으면서 차츰 그 범위를 좁혀 가는
  질문 방식

• 역깔때기형 배열

▶ 개별적인 구체적 질문을 먼저하고 광범위한 질문을 나중에 하
  는 방법

◎ 사전 검사

• 응답에 일관성이 있는지 여부

• 한쪽으로 치우치는 응답이 나오는지 여부

• 모른다는 응답이 많이 나오는지 여부

• 응답 자체를 거부하는 경우가 많은지 여부

• 직접 면접조사를 실시하는 것이 바람직

3) 질문서 적용방법

◎ 대인면접법

• 전통적 대인면접법

  1대 1로 만나 면접자가 직접 질문을 하고 응답을 기록

• 컴퓨터 보조 면접조사

  면접 프로그램이 내장된 컴퓨터를 활용하여 면접자가 직접 입력

◎ 우편조사

• 전통적 우편조사

  질문서를 우편으로 발송하여 응답자가 직접 작성하고 반송(회
  수율 문제)

• 전자우편조사

  전자우편을 활용하여 조사(표본의 대표성 문제)

◎ 집단조사법

  응답자를 한 장소에 모아 놓고 질문서를 교부하여 응답자가
  기재

  (집단상황이 응답을 왜곡시킬 가능성)

◎ 배포조사법

• 전통적 배포조사

  개별적으로 질문서를 전달하고 응답자 직접 기입 후 나중에
  회수하는 방법

• 컴퓨터화 배포조사

  디스켓에 질문서를 저장하여 조사자가 입력 후 디스켓 송부

◎ 전화면접법

• 전통적 전화면접법

전화번호부를 이용하여 전화를 통한 활용

• 컴퓨터 보조 전화면접법

응답내용을 컴퓨터에 저장하는 방식

◎ 인터넷 조사

응답률 저조 현상을 극복하기 위한 방법(표본의 대표성 문제)

3. 관찰방법

1) 관찰방법의 의의

◎ 연구대상을 조작하거나 통제하지 않고 일정한 시간에 걸쳐 연구대상의 행태를 지켜보고, 들으면서 관찰한 결과를 기록하는 방법

◎ 특징
• 연구대상의 행태가 발생하는 자연적 사회적 맥락을 포착 가능
• 참여자의 사회적 관계에 영향을 미치는 사건을 포착 가능
• 피관찰자의 세계관 철학의 관점에서 무엇이 현실을 구성하는지 알 수 있음
• 관찰결과들을 비교함으로써 규칙성과 재발가능성을 확인 가능

2) 관찰방법의 유형

◎ 관찰자의 참여정도: 참여관찰 비참여관찰
- 참여관찰: 연구자와 관찰자가 자신의 신분을 밝히지 않은 채 자연스럽게 대상에 참여하는 경우
- 비참여관찰: 연구자가 관찰 대상의 행태를 관찰하지만 관찰 대상과 일정한 거리를 유지하는 방법

◎ 관찰방법의 구조화 및 체계화의 정도: 구조화관찰과 비구조화관찰
- 구조화관찰: 무엇을 관찰하고 기록할 것인가를 사전에 구체적으로 정한 다음 관찰결과를 기록

◎ 관찰자의 직접관찰 여부: 직접관찰과 간접관찰
◎ 관찰 상황에 대한 통제 여부: 통제관찰과 자연적 관찰
◎ 관찰도구: 인간의 관찰과 기계의 관찰

3) 관찰방법의 장점과 단점

◎ 관찰방법의 장점
- 연구하고자 하는 행동을 발생하는 현장에서 즉시 포착
- 행동 관찰이므로 질문서법이나 면접법에서 나타날 수 있는 응답 과정에서 생길 수 있는 오차를 줄임
- 언어와 문자의 제약 때문에 측정하기 어려운 사실 조사 가능
- 연구대상의 무의식적인 행동을 측정가능

◎ 관찰방법의 단점

- 관찰이 불가능한 행동이 존재
- 응답자가 관찰당하고 있음을 인식하는 경우 평소와는 다른 행동양식을 보이는 경우
- 조사 대상의 행동양식들은 변할 수 있음
- 관찰자가 선택적으로 관찰하게 되는 경우
- 관찰자의 시간적·공간적·지적 한계 때문에 관찰 대상의 전부를 동시에 관찰하기 어려움

4. 면접방법

1) 면접방법의 의의

◎ 정의

연구자와 응답자 간의 언어적 상호작용을 통하여 필요한 자료를 수집하는 방법

◎ 표준화된 면접조사표 사용

2) 면접방법의 종류

◎ 구조화 면접

면접자가 표준화된 면접조사표(질문항목, 질문형식, 질문항목 배열순서 등을 규정한 면접조사표)를 가지고 모든 응답자에 동일한

방법으로 면접을 수행하는 방법

◎ 비구조화 면접

표준화된 조사표에서 질문 내용, 형식, 순서를 미리 정하지 않고 면접상황에 따라 자유스럽게 면접을 수행

◎ 반구조화 면접

일정 수준의 중요한 질문만을 표준화하고 일정 재량을 가지고 상황에 따라서 변경시킬 수 있는 방법

◆ 2차 자료 수집방법

1. 2차 자료 수집의 의의

◎ 의의

2차 자료란 다른 목적을 위해 수집된 자료로서 연구자 자신이 수행 중인 연구 문제 해결을 위해 사용하는 것

◎ 특징
• 1차 자료의 수집에 투입되는 시간, 비용, 노력을 절감
• 2차 자료를 재구성하고 재분류해야 함
• 2차 자료 수집 과정에서 시간적 · 공간적 제약을 받지 않음

2. 2차 자료의 유형

◎ 내부자료와 외부자료
◎ 출처에 따라 사적 자료와 공공기관 자료

3. 2차 자료의 원천

◎ 공문서와 공식기록
◎ 민간부문 문서
◎ 대중매체
◎ 물리적, 비언어적 자료
◎ 사회과학분야 수집자료

◆ 자료수집방법의 선택기준

1. 현지상황의 특성과 자료수집방법과의 관계

현지상황의 특성	적합한 자료수집 방법			
시간적 여유	최소 2차 자료	질문서	면접	최대 직접관찰
자료수집 현상의 복잡성	최소 2차 자료	질문서	면접	최대 직접관찰
모집단의 크기	최소 2차 자료	면접	질문서	최대 직접관찰
모집단의 공간적 분포	집중 직접관찰	질문서	면접	분산 2차 자료
모집단의 참여 동기	낮음 직접관찰	질문서	면접	높음 2차 자료
모집단 자료 제공능력	낮음 직접관찰	질문서	면접	높음 2차 자료

2. 자료수집방법의 타당도와 신뢰도

구 분	낮음			높음
타당도	2차 자료	질문서	면접	참여관찰
신뢰도	참여관찰	질문서	면접	2차 자료

제18절 자료분석방법

◆ 통계적 자료분석의 기초

1. 조사연구의 목적: 기술 또는 설명

◎ 기술적 통계분석 기법
 : 기술적 조사연구의 주목적은 연구대상의 속성을 정확하게 기술하는 것이므로, 그러한 속성을 나타내는 변숫값이 어떠한 특정을 가지고 있는지를 알기 위한 통계분석

◎ 설명과 가설검증 통계분석기법
인과적 설명이 주목적인 조사연구에서 반드시 가설을 설정하여야 하는데, 이를 검증하기 위해서 가설검증 통계분석기법을 사용

2. 분석해야 할 변수의 수

◎ 한 번에 분석해야 할 변수의 수에 따라 분석기법이 달라짐

◎ 분석해야 할 변수의 수에 따라 분석기법은 일변량 분석, 이변량 분석, 다변량 분석으로 구분

3. 변수측정의 수준

◎ 명목척도, 서열척도 - >비계량변수
◎ 등간척도, 비율척도 - >계량변수

◆ 단일변수의 기술통계

1. 중앙경향값의 측정 수단

◎ 중앙경향값의 의미
- 자료의 중앙경향값은 자료의 일반적 크기를 대표하여 나타낼 수 있는 단일 수치를 말하며, 흔히 평균이라 부르는 대푯값을 말함
- 최빈수(Mode), 중위수(median), 산술평균(mean)
- 등간척도, 비율척도는 세 가지 모두 사용 가능
- 서열척도는 평균을 계산할 수 없고
- 명목척도는 중위수와 평균을 계산할 수 없고 최빈수만 사용가능

◎ 최빈수(mode)
- 빈도가 가장 큰 값, 점수, 또는 카테고리
- 각 카테고리의 도수분포를 알 수 있을 때 그러한 도수분포 중에서 가장 빈도가 큰 카테고리의 이름이나 값을 말함
- 명목척도나 서열척도에 의해 측정된 변수는 카테고리의 명칭을 의미하고, 등간척도나 비율척도로 측정된 변수의 경우에는

원자료를 재정리하여 도수분포표를 만든 다음 최빈수를 찾을
수 있음

◎ 중위수(median)

- 서열척도 이상의 수준의 척도로 측정되었을 때에는 중위수를
계산할 수 있음
- 중위수는 수집된 자료를 크기순으로 나열했을 때 중앙에 오는
자료값을 말함

◎ 산술평균(mean)

- 등간 또는 비율척도로 측정된 변수에 한하여 산술평균을 계산
할 수 있음
- 측정값을 모두 합하여 자료의 수로 나눔으로써 구할 수 있음
- 산술평균$(X) = (x_1 + x_2 + x_3 + \cdots\cdots + x_n)/n = \sum x_i/n$

◎ 산술평균, 중위수, 최빈수의 비교

- 등간척도나 비율척도에 의해 측정된 변수는 산술평균, 중위수,
최빈수 모두 계산 가능
- 좌우가 완전히 대칭인 분포에서는 평균, 중위수, 최빈수값이 같음
- 정점이 오른쪽에 있고 왼쪽으로 치우친 분포에서는 평균이 중
위수보다 큼
- 평균, 중위수, 최빈수가 상이한 값을 가질 때에는 중위수가 항
상 가운데 있음

2. 산포도의 측정 수단

◎ 산포도의 의미

- 평균이 같거나 비슷하다고 해도 자료의 분포상태는 차이가 남
- 중앙경향값만 가지고는 자료의 분포상태를 나타낼 수 없음
- 자료의 흩어진 정도(산포도)를 알아야 자료의 특성을 올바르게 표현 가능
- 산포도가 클수록 자료들이 평균에서 멀리 퍼져 있고, 작을수록 평균 주위에 모여 있음
- 산포도가 작을수록 자료의 분포는 평균을 중심으로 안정적이고, 산포도가 클수록 자료들 간의 차이가 심함
- 표준편차, 분산, 변이계수, 표준점수 등

◎ 표준편차(standard deviation)

- 등간척도와 비율척도로 측정된 변숫값의 산포도를 측정하는 데 가장 널리 사용
- 표준편차는 산술평균에서 각 자료들의 값에 이르는 거리의 제곱을 평균하여 다시 제곱근을 구한 것

$$s = \sqrt{\sum (x_i - X)^2 / n - 1}$$

◎ 분산(variance)

- 표준편차의 제곱

$$v = s^2 = \sum (x_i - X)^2 / n - 1$$

- 분산은 표준편차보다 이용도가 떨어짐
- 변수 간의 관련성 분석이나 가설검증에서는 종속변수의 총분

산 중에서 어느 정도가 독립변수에 의해 설명된 분산이고, 어느 정도가 설명되지 않는 분산인가를 따지게 됨
- 분산분석과 회귀분석을 포함한 이변량 분석 및 다변량 분석에서는 종속변수의 분산에 대한 설명이 매우 중요

◎ 표준점수

- 표준편차, 분산, 그리고 변이계수가 전체 자료들의 산포의 정도를 표현하는 통계치인 데 반하여, 표준점수(Z점수)는 개별 자료의 상대적인 분포위치를 나타내는 통계치
- 표준점수로 환산할 자료값을 x_i 평균을 X, 표준편차를 s라고 할 때 표준점수 Z_i 는

$$Z_i = (x_i - X)/s$$

3. 분포형태의 측정 수단

◎ 분포형태의 의미
- 자료분포의 모양
- 막대그래프, 히스토그램, 꺾은선그래프, 파이차트 등의 도표로 나타내면 쉽게 알 수 있음

◎ 최빈수의 수
- 최빈수는 중앙경향값의 하나이면서, 분포의 형태를 나타내는 지표
- 최빈수의 값이 하나이면 단일 최빈수분포 또는 단봉분포

• 최빈수의 값이 둘이면 양봉분포

◎ 비대칭도
• 자료가 좌우대칭형이 아닌 경우에 자료의 비대칭의 정도를 측
  정할 수 있는 척도

◎ 첨도
• 자료분포가 밀집하여 뾰족한지 아니면 분산되어 펑퍼짐한 분
  포를 나타내고 있는지를 나타내는 척도

◈ 두 변수 간의 연관성 분석

1. 변수 간 연관성 분석의 기초

◎ 연관성 분석의 의의
• 두 변수 간의 관계에 연관성이 있는지의 여부가 통계분석의 핵심

◎ 변수 간 연관성 분석에서의 고려사항
• 두 변수 간에 연관(상관)관계가 있는지 여부를 판단하여야 함
► 두 변수가 공동으로 변화하면 통계적 상관성이 있음
► 두 변수가 공동으로 변화하지 않으면 통계적으로 독립적임
• 두 변수의 상관관계의 크기는 어떠한지 판단
• 상관관계의 방향이 어떠한지 판단
• 상관관계의 형태가 선형관계인지 비선형 관계인지를 판단

2. 명목변수 간의 연관성 분석

◎ 분할표 또는 유관표를 작성
◎ 분할표의 각 칸의 분포를 근거로 관련성을 판단

직급	공무원 노조에 대한 태도		소계
	필요함	필요하지 않음	
4급 이상	4	16	20
5급	12	18	30
6급 이하	20	10	30
소계	36	44	80

3. 서열변수의 연관성 분석

◎ 두 명목변수 간의 관련성 정도를 측정하는 지표는 그 관계의
   방향에 관한 속성을 나타낼 수 없음
◎ 두 변숫값이 서열을 나타내는 경우에는, 그 관계의 강도 또는
   정도뿐 아니라 관계의 방향까지도 측정할 수 있음

4. 등간 또는 비율변수 간의 연관성 분석

◎ 상관분석
• 두 변수가 등간 또는 비율척도로 측정되었을 경우 관련성의
   정도를 측정하는 대표적 방법

- 두 변수 간에 선형관계가 존재한다는 가정
- 양의 선형관계, 음의 선형관계, 양의 비선형관계, 음의 비선형관계

◎ 회귀분석
- 독립변수에 관한 정보를 알고 있을 때, 종속변수의 값을 예측하기 위하여 사용
- 선형관계임을 전제

◆ 통계적 가설검증

1. 통계적 가설검증의 의의

1) 통계적 가설검증의 의미

◎ 설명적 조사연구에서 결과변수(종속변수, 설명되는 변수)와 원인변수(독립변수, 설명하는 변수) 간의 인과관계에 대한 가설을 설정하고, 자료를 수집하여 그 진위를 검증

◎ 통계적 가설검증
- 수집된 자료를 기초로 가설의 진위 여부에 대하여 의사결정을 내리는 과정과 절차
- 수집된 자료가 모집단의 일부를 표본으로 추출하여 그 표본을 대상으로 수집한 자료일 경우에는 그 자료의 분석결과를 토대로 모집단 전체의 특성을 추리해야 함⇒추리통계학적 접근 방법

• 표본의 정보만을 가지고 모집단에 관한 가설의 채택 여부를
결정하는 과정

2) 통계적 유의성과 실제적 유의성

◎ 추리통계학적 접근방법
• 표본 통계량만 가지고 가설의 채택 여부를 결정
• 두 표본 집단 간에 평균값이 차이가 있을 때에 그 차이가 무
작위 표본추출 과정에서 우연히 나타난 차이에서 비롯된 것이
아니라는 믿을 만한 근거가 있다면, 그 차이는 통계적으로 유
의미한 차이라고 간주

◎ A학교와 B학교의 성적 차이 비교(전수조사)
• A학교 평균＝80점, B학교 평균＝81점
• 통계적 유의성 있음

◎ A학교와 B학교의 성적 차이 비교(표본조사)
• A학교 표본 평균＝80점, B학교 표본 평균＝81점
• 점수 차이를 통계적으로 의미가 있는지를 검증
• 두 학교 학생의 성적 차이가 원래 모집단의 성적이 다르기 때
문인지, 아니면 전체 학생 중에서 표본 추출하는 과정에서 우
연히 나타난 차이인지 여부를 판단

◎ 통계적 유의성이 실제 유의성을 의미하지 않음
• B학교 담당자가 성적 평균 1점 차이는 의미 없다고 판단하는
경우

3) 표본의 통계량과 모집단의 모수

◎ 모집단의 모수와 표본통계량의 관계

• 모집단: 연구자의 관심의 대상이 되고 있는 특성을 지닌 구성
  요소의 집합

• 표본: 모집단에서 자료수집의 대상으로 채택된 일부

◎ 하나의 모집단에서 한 변수의 특성값에 대한 통계량과 모수
  의 관계

• 모수: 평균(μ), 비율(P), 분산(σ^2), 표준편차(σ)

• 표본: 표본평균(X), 표본비율(p), 표본분산(s^2), 표본표준편차(s)

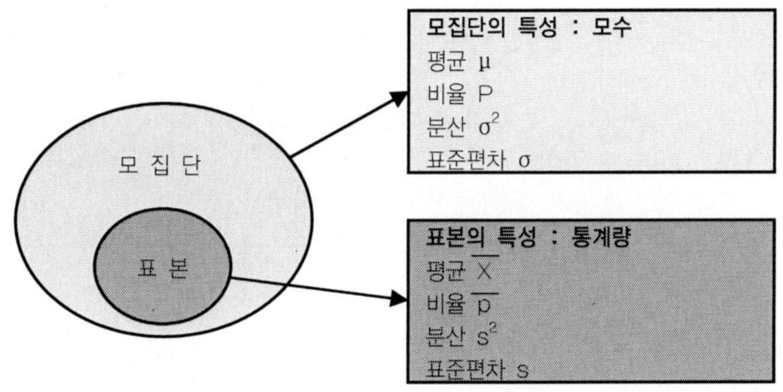

• 표본의 크기(n)가 30 이상이면 표본 추출 분포는 정규분포를
  이루게 되어 Z분포를 활용할 수 있음

• 표본수가 30 이하일 경우 t 분포를 활용, 30 이상일 경우에도
  t 분포를 활용하여도 무방함

◎ 두 모집단에서 한 변수의 특성값의 차이에 대한 통계량과 모

수의 관계

- 두 모집단에서 한 변수의 특성값이 차이가 있는지의 여부에 관한 모수로 중요한 것은 평균의 차이($\mu x - \mu y$), 비율의 차이($Px - Py$), 그리고 모분산의 비($\sigma^2 y / \sigma^2 x$) 등이다.
- 표본의 통계량은 각 표본통계량의 차이($X - Y$), 표본비율의 차이($p_x - p_y$), 표본분산비(s^2_y / s^2_x)

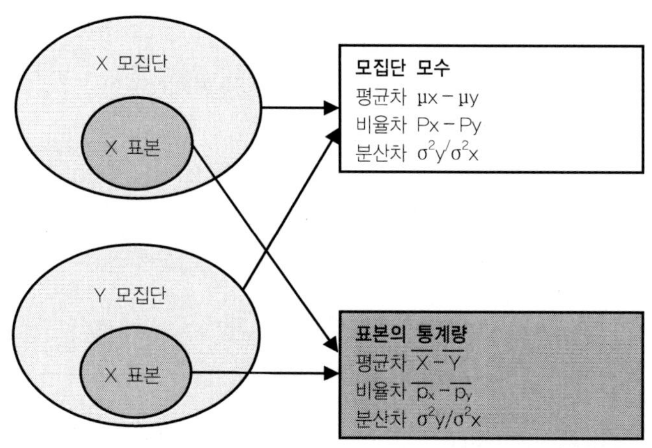

- 모분산비는 표본분산비를 토대로 F 분포를 이용하여 추론

2. 가설검증의 과정

1) 가설의 설정

◎ 연구가설과 영가설(귀무가설)
- 연구가설: 연구 문제에 대한 잠정적인 해답으로 연구자가 제시

한 가설

- 귀무가설(영가설): 수집된 자료에서 나타난 차이나 관계가 진정한 것이 아니라 우연의 법칙으로 생긴 것으로 진술

◎ 귀무가설과 대립가설

- 귀무가설: H_0
- 대립가설: H_1
- 귀무가설과 대립가설은 서로 중복되어서는 안 되고 상호 배타적이어야 함

◎ 가설의 서술형 표현과 통계적 표현

- 모집단 특성에 관한 가설

H_0: 우리 국민의 하루 평균 독서 시간은 60분이 넘지 않을 것이다.
$(\mu \leq 60)$

H_1: 우리 국민의 하루 평균 독서 시간은 60분이 넘을 것이다.
$(\mu > 60)$

- 두 모집단의 특성값의 차이에 관한 가설

H_0: 남녀 공무원의 직무만족도에는 차이가 없다.
$(\mu m = \mu n)$

H_1: 남녀 공무원의 직무만족도에는 차이가 있다.
$(\mu m \neq \mu n)$

- 변수 간 관계에 대한 가설

H_0: 학교식당의 청결도(X_1), 직원친절도(X_1), 음식 양(X_3)은 학생의 학교식당 만족도와 관련이 없을 것이다.
$(Y \neq \alpha + \beta_1 X_1 + \beta_2 X_2 + \beta_3 X_3, \ \beta_1 = 0, \ \beta_2 = 0, \ \beta_3 = 0)$

H_1: 남녀 공무원의 직무만족도에는 차이가 있다.

$(Y = \alpha + \beta_1 X_1 + \beta_2 X_2 + \beta_3 X_3,\ \beta_1 \neq 0,\ \beta_2 \neq 0,\ \beta_3 \neq 0)$

◎ 가설설정의 유의사항

• 등호(=)가 대립가설보다는 귀무가설에 포함되도록 해야 함
• 귀무가설이 실제 검증되므로 검증 대상이 되는 모수의 위치가
  표본분포에서 분명히 파악되도록 해야 함

2) 표본자료수집 및 검증방법의 결정

◎ 표본분포의 성격에 따라

• Z 검증
• t 검증
• F 검증
• x^2 검증

3) 유의수준의 선택과 임계치 결정

◎ 통계적 유의수준

• 가설검증에서 용납될 수 있는 오류의 정도
• 가설의 채택 여부에 관한 결정에서 오류를 범할 확률
• α로 표기
• 사회과학에서는 5%($\alpha = 0.05$), 1%($\alpha = 0.01$), 0.1%($\alpha = 0.001$) 사용

◎ 임계치

• 유의수준이 선택되면 주어진 표본분포에서 영가설을 기각시킬

수 있는 영역과 기각시킬 수 없는 영역이 정해짐
• α는 유의수준을 나타냄과 동시에 유의수준하에서 귀무가설의
  기각가능 영역의 크기를 나타냄

4) 가설검증의 오류

	귀무가설 옳음(유죄)	귀무가설 그름(무죄)
귀무가설 채택(유죄판결)	옳은 결정 $(1 - \alpha)$	2종 오류 $(1 - \beta)$
귀무가설 기각(무죄판결)	1종 오류 (α)	옳은 결정 (β)
전체 확률	1	1

〈본문 각주 인용방식〉

1) 일반적 원칙

(1) 본문 제목들의 번호는 상위제목부터 하위제목까지 다음의 용
   례를 따른다.

예) 1. → 1) → (1) → ① → 가.

(2) 한자나 외국어(용어, 고유명사)를 쓸 경우, 먼저 한글로 적고
   괄호 안에 한자나 외국어를 병기한다. 본문에 한 번 사용한
   외국어를 다시 쓸 때에는 한글로만 표기한다.

(3) 각주는 본문 내용에 대한 부연이 필요할 때에만 사용하는 것
    을 원칙으로 하며, 인용이나 참고한 문헌의 출처는 각주로써
    밝히지 않는다.

2) 인용

(1) 인용이나 참고한 문헌의 출처는 본문의 괄호 속에 저자의 이
    름과 출판연도, 쪽 번호만 밝힌다. 인용 또는 참고한 문헌이
    되풀이될 때에도 같은 방식으로 한다.

홍길동(1996)은 정치는 문화라고 주장했다.
윌리엄스(Williams, 1990)는 문화는 정치라고 주장했다.
홍길동은 '정치는 문화'라고 주장했다(1996, 25～26쪽).
윌리엄스와 몰리는 '문화는 정치'라고 주장했다(Williams & Morley,
1990, pp.7～8).

(2) 번역서를 인용할 때에는 원전이 발간된 연도와 번역판 연도
    를 같이 표기한다. 인용 쪽수는 번역본을 기준으로 한다.

예) 윌리엄스는 '문화는 정치'라고 주장했다(Williams, 1990/1996,
    25쪽).
밀턴(Milton, 1875/1998)은 언론자유를 주장했다.

(3) 두 명 이상의 저자를 인용할 경우, 가나다 또는 알파벳순으로
    제시한다. 저자가 같고 연도가 다른 문헌을 함께 언급할 때에

는 연도만 나열한다.

예) (이몽룡, 1999; 홍길동, 1990)
(Pan & Kosicki, 1993; Schefele, 1999)
(Gogel, 1984, 1990; James, 1996a, 1996b)

(4) 저자가 3~5명인 글은 처음 인용할 때는 이름을 모두 밝히
고, 그 다음에 나올 때에는 첫째 저자 다음에 OOO 외,
OOO, et al.로 표기한다. 저자가 6인 이상일 때는 모두 OOO
외, OOO, et al.로 표기한다.

(5) 논문 저자의 저술을 인용할 때에는 '졸고'라고 하지 않고 이
름을 밝힌다.

3) 표와 그림

(1) 표와 그림은 < > 속에 별도의 일련번호를 부여하고, 제목을
붙인다. 표 제목은 해당 표의 위에, 그림 제목은 해당 그림의
밑에 위치시킨다.

예) <표 1>국내 컴퓨터 보급현황
〈그림 1〉 뉴스의 기호체계

(2) 관련된 표와 그림을 본문에서 언급할 때도 < >를 붙인다.

예) <표 1>에서 볼 수 있듯이……

(3) 표나 그림의 출처는 밑 부분에 다음과 같이 적는다.

예) 출처: Title of Book (p. 103), by A. N. Author, 1982, NY: Publisher.(책에서 인용할 때)

　　출처: 『국내 컴퓨터 보급현황』(23쪽), 통계청, 1990, 서울: 통계청.(책에서 인용할 때)

　　출처: "Title of Article", by A. N. Author, 1982, Title of Journal, 50, p.22.(논문에서 인용할 때)

　　출처: "국내 신문보급소 현황", 김막동, 2002, 『한국언론』 45권, 34쪽.(논문에서 인용할 때)

(4) 표나 그림에 대한 주는 일반주(주:), 개별주(a), b), c)), 확률주(*p<.01, **p<.001), 출처순으로 배열한다.

제2부

소논문 사례

제1장
보고서 샘플사례

제1절 CATV 홈쇼핑 쇼 호스트가 상품 구매에 미치는 영향에 관한 연구

(일반적인 서론, 본론, 결론의 양식을 뛰어넘어 밋밋하게 작성한 연구보고서는 논문이라는 이미지보다는 업무보고서의 의미를 가지게 된다. 아래의 사례는 그런 의미를 갖고 있다.)

오늘날 소비자들은 시간 가치를 더욱 중요하게 여기게 되어 시간 절약 구매 행동으로 점차 바뀌고 쇼핑의 편의성을 추구하는 경향을 보이고 있다.

기존 매체 대신에 CATV를 이용한 통신 판매의 새로운 유통사업인 CATV 홈쇼핑은 1995년 8월에 시작되어 소비자의 쇼핑에서의 편의지향 및 서비스 요구 증가, 소득의 증가, 여성 취업 및 맞벌이 세대 증가, 고령화, 주차시설의 부족문제, 신용구매의 확산에 기인하여 지속적으로 높은 성장률을 보이고 있다.

국내 CATV 홈쇼핑 시장은 초기 정부에 주도되었으며 삼구쇼핑이 1995년 8월 1일 최초 방송을 실시하며 최초의 CATV홈쇼핑업체가 되었다.

설립 후 흑자 경영을 지속하던 중 2000년 3월 제일제당에 인수되어 상호명을 CJ39쇼핑으로 변경하였다.

이어 1995년 8월 16일 LG홈쇼핑이 방송을 개시하였고, 2001년 3월 31일 방송위원회로부터 홈쇼핑 방송 채널 사업자 승인을 받아 3사가 2001년 하반기인 9월에 한국 농수산TV(현재 농수산 쇼핑으로 개명), 10월에 우리홈쇼핑, 11월에 현대 홈쇼핑이 잇따라 시장에 진출함에 따라 이들 업체와 선발사인 LG홈쇼핑과 CJ39쇼핑을 포함한 5개 사업자가 치열한 경쟁을 벌여 시장 규모가 대폭 확대됐다.

95년 34억 원의 규모에서 2003년 7조 원(TVGHATYVLD, 카탈로그, 인터넷쇼핑몰)의 시장으로 성장했으며, 그중에서 TV홈쇼핑 부분이 3조를 차지하고 있다.

CATV홈쇼핑 같은 시장 유통의 변화는 소비자의 구매 행동에 많은 영향을 미치고 있고 특히 CATV홈쇼핑이 가지는 여러 가지 특성으로 인해 소비자들은 충동구매를 하게 될 가능성이 많다.

CATV홈쇼핑에서는 소비자들이 구매를 유도하기 위해 다양한 방법을 동원하고 있으며 그중 빼어 놓을 수 없는 것이 바로 홈쇼핑 쇼(핑) 호스트이다.(1)

CATV홈쇼핑 이용자 등 72.7%의 소비자가 상품이 소개되는 도중에 구입하고 있었으며, 이들 중 23.2%가 사은품(경품)과 가격할인 때문에 프로그램 진행 중에 구입했고, 계획에는 없었으나 쇼 호스트의 자극을 받아 구매한다는 소비자도 17.5%나 되어 충동구매가 적지 않다고 밝혔다(파이낸셜뉴스, 2002).

1995년에 GS홈쇼핑(예전 LG홈쇼핑)과 CJ홈쇼핑(예전 39홈쇼핑)의 두 업체로 홈쇼핑 방송을 시작한 이래 2001년에 우리홈쇼핑, 농수산 홈쇼핑, 현대 홈쇼핑 등이 추가로 개국하여 5대 홈쇼핑 방송 체제로 바뀌면서 시장 규모가 더욱 커지고 더불어 업체들 간의 경쟁이 더 심화되었고, 각 홈쇼핑사에서는 소비자들의 구매를 최대한 유도하기 위해 다양한 노력을 하고 있으며 그중에서도 쇼 호스트는 이러한 노력의 중심 역할을 하고 있다.

유능한 쇼 호스트를 유치하기 위해 경쟁 회사들 간의 스카우트도 치열해지고 있으며 전문 쇼 호스트를 양성하는 쇼 호스트 아카데미도 증가하고 있을 만큼 인기 직종으로 여겨지기까지 하는 실정이다.

그런데 기존의 연구들 대부분은 소비자 구매요인을 가격, 제품, 촉진요인 3가지 마케팅 측면에서 분석하고 있어 CATV홈쇼핑이라는 쇼핑 환경에 쇼 호스트들의 영향을 직접적으로 연관시키지 못하고 있다.

따라서 본 연구에서는 쇼 호스트의 다양한 특성이 홈쇼핑 소비자들의 구매와 실질적인 관련이 있는지 밝히고자 한다.

(1) 5개 TV홈쇼핑 업체 중 GS홈쇼핑과 농수산홈쇼핑에서는 쇼핑 호스트, CJ39홈쇼핑, 우리홈쇼핑, 그리고 현대홈쇼핑에서는 쇼 호스트라고 호칭을 각각 다르게 하고 있다(이거산, 2002).

<h1 style="text-align:center">〈참고문헌〉</h1>

박웅기. <CATV 홈쇼핑 프로그램 쇼(핑)호스트에 대한 의사사회적 현상, 전문성, 그리고 동질성에 관한 연구>, 광고학 연구 제15권 제5호.

김화동. <소비자 쇼핑 가치가 CATV 홈쇼핑 채널의 광고 효과에 미치는 영향, 제품관여도 및 기업 신뢰도와의 상호작용을 중심으로>, 한국광고홍보학보 제6 – 4호.

김혜선 & 서미정(2004). <CATV 홈쇼핑에서의 충동구매 자극 요인과 구매 경험과의 관련성>, 대한가정학회지 제42권 제3호.

최창열(2004). <TV홈쇼핑 이용자의 구매 특성에 대한 실증 분석>.

김재욱(2003). <국내 CATV 홈쇼핑 시장의 성공요인>, 유통연구 제7권 제2호.

<h1 style="text-align:center">〈설문지〉</h1>

안녕하십니까? 저는 성균관대학교 언론정보대학원 석사과정에 재학 중인 학생입니다.

바쁘신 와중에도 귀한 시간 내어 설문에 응해 주신 데 대하여 깊은 감사를 드립니다.

설문지의 응답을 분석한 결과는 순수하게 학문적인 목적으로만 사용되며 그 이외의 목적으로는 사용되지 않을 것을 약속드립니다.

본 설문지는 익명으로 처리되며 정확한 자료를 얻을 수 있도록 한 문항도 빠짐없이 응답하여 주시면 감사하겠습니다.

다시 한 번 귀하의 협조에 감사드립니다.

*다음 문항의 척도에 따라 해당되는 곳에 'V' 표를 하여 주십시오.

1. 보석은 나에게 있어서 중요한 것이다. 중요하지 않은 것이다.
   보석은 나에게 있어서 필요한 것이다.
   보석은 나에게 있어서 즐거운 것이다.
   보석은 나에게 있어서 선택하기 힘든 것이다.
   보석은 나에게 있어서 이로운 것이다.
   보석은 나에게 있어서 유용한 것이다.

2. 냉장고는 나에게 있어서 중요한 것이다.
   냉장고는 나에게 있어서 즐거운 것이다.
   냉장고는 나에게 있어서 유용한 것이다.
   냉장고는 나에게 있어서 필요한 것이다.
   냉장고는 나에게 있어서 선택하기 힘든 것이다.
   냉장고는 나에게 있어서 이로운 것이다.

3. 화장품은 나에게 있어서 중요한 것이다.

4. 디지털카메라는 나에게 있어서 중요한 것이다.

5. 건강식품은 나에게 있어서 중요한 것이다.

6. 침구세트는 나에게 있어서 중요한 것이다.

제2절 제품 유형에 따른 홈쇼핑 구매 요소에 관한 연구

(아래 보고서는 논술적인 의미가 있게 작업하였으나 업무보고서의 형식을 벗어나지 못하고 있다.)

1. 서론

오늘날 소비자들은 시간 가치를 더욱 중요하게 여기게 되어 시간 절약 구매 행동으로 점차 바뀌고 쇼핑의 편의성을 추구하는 경향을 보이고 있다.

기존 매체 대신에 CATV를 이용한 통신 판매의 새로운 유통사업인 CATV 홈쇼핑은 1995년 8월에 시작되어 소비자의 쇼핑에서의 편의지향 및 서비스 요구 증가, 소득의 증가, 여성 취업 및 맞벌이 세대 증가, 고령화, 주차시설의 부족문제, 신용구매의 확산에 기인하여 지속적으로 높은 성장률을 보이고 있다.

국내 CATV 홈쇼핑 시장은 초기 정부에 주도되었으며, 삼구쇼핑이 1995년 8월 1일 최초 방송을 실시하며 최초의 CATV 홈쇼핑 업체가 되었다.

설립 후 흑자 경영을 지속하던 중 2000년 3월 제일제당에 인수되어 상호명을 CJ39쇼핑으로 변경하였다.

이어 1995년 8월 16일 LG홈쇼핑(현재 GS홈쇼핑)이 방송을 개시하였고, 2001년 3월 31일 방송위원회로부터 홈쇼핑 방송 채널 사업자 승인을 받아 3사가 2001년 하반기인 9월에 한국 농수산TV(현재 농수산 쇼핑으로 개명), 10월에 우리홈쇼핑, 11월에 현대 홈쇼핑이 잇따라 시장에 진출함에 따라 이들 업체와 선발사인 GS홈쇼핑과 CJ39쇼핑을 포함한 5개 사업자가 치열한 경쟁을 벌여 시장 규모가 대폭 확대됐다.

95년 34억 원의 규모에서 2003년 7조 원(TV홈쇼핑, 카탈로그, 인터넷쇼핑몰)의 시장으로 성장했으며, 그중에서 TV홈쇼핑 부분이 3조 원을 차지하고 있다.

CATV 홈쇼핑 같은 시장 유통의 변화는 소비자의 구매 행동에 많은 영향을 미치고 있고 특히 CATV홈쇼핑이 가지는 여러 가지 특성으로 인해 소비자들은 충동구매를 하게 될 가능성이 많다.

일반 점포보다 저렴한 가격, 장기 무이자 할부 제도, 구매의 편리성으로 소비자에게 각광받아 급성장하고 있는 홈쇼핑은 초기 유통마진을 최소화한 저렴한 가격 중심의 상품에서 점차 고급화, 다양화 추세로 변화하고 있다.

뿐만 아니라 홈쇼핑 간의 경쟁이 치열해지면서 과장 광고나 경품, 사은품의 남발 장기간 무이자할부로 인해 충동구매를 조장하고, 심지어 홈쇼핑 중독 같은 문제들이 나타나고 있다.

한국 소비자원(2000)은 TV홈쇼핑 업체가 '한정판매'를 남발하면서 정도를 벗어난 사은품과 경품을 제공해 무분별한 구매를 유도했다고 했으며 5개 홈쇼핑사의 938개 방송 프로그램을 대상으로 실태 조사를 한 결과 조사 대상의 70.5%가 사은품을 제공하고 있었다고 밝혔다.

이러한 문제 해결에 앞서 홈쇼핑을 이용하는 소비자가 제품구매에 있어서 어떤 점에 영향을 가장 많이 받는지 그 요인을 체계적이고 세분화하는 연구가 필요하다.

그리고 CATV 홈쇼핑에서 보이는 구매 자극 요인에 따라 구매 품목에도 차이가 있는지 밝힐 필요가 있다.

<연구 설계>

가격 요인(최저가, 카드 장기 무이자할부) -　　　　→ 고관여제품
제품 요인(독점상품, 유행상품, 인기상품) - 소비자 (가전, 컴퓨터, 명품……)
촉진요인(사은품, 경품, 한정수량, 쇼 호스트 멘트, - → 저관여제품
제품시현, 한정수량)　　　　　　　　　　　　　(생활용품, 식품……)

　　　　　　　　　　　　　　　　　　　　　→ 구매
　　　　　　　　　　　　　　　　　　　　　─ 설득

(FCB Grid 모델을 이용한 제품 분류)

고관여

• 합리성과 정보를 생각하는 소비자　　• 감성을 중시하고 느끼는 소비자
• 모델: 인지→느낌→구매　　　　　　　• 모델: 느낌→인지→구매
• 사례: 냉장고, TV, 디지털카메라　　　• 사례: 의류, 이미용
　　　　 생각　　　　　　　　　　　　　　　　 느낌
• 습관적으로 행동하는 소비자　　　　　• 즉시적 반응을 보이는 자기 만족형 소비자
• 모델: 구매→인지→느낌　　　　　　　• 모델: 구매→느낌→인지, 사례: 식품
• 사례: 생활용품

저관여

FCB GRID(Foote, Con e & Belding Grid)는 Vaughn(1986)이라는 사람이 만든 모델로서 주로 광고 전략 수립 시 필요한 포지셔닝 기법 중 하나다.

2. 연구문제 및 가설

CATV 홈쇼핑에서 소비자의 구매자극에 대한 반응 정도와 구매 품목과의 관련성을 밝히기 위한 것으로 연구문제는 다음과 같다.

연구가설) CATV홈쇼핑에서 사용되는 구매자극 요인에 대한 홈쇼핑 이용자들의 반응 정도에 따라 구매 품목에 차이가 있는가?

3. 연구방법

1) 자료의 수집방법

(1) 연구대상

홈쇼핑을 시청하면서 구매력을 가진 소비자를 대상으로 하는 것이 보다 정확한 결과를 얻을 수 있을 것이라고 보아서 대상자를 30 · 40대 주부를 대상으로 한다.

(2) 설문지 구성

제품 구매 시 소비자에게 영향을 미치는 구매요소에 대한 평가는 5점 리커트 척도로 구성한다.

2) 자료의 분석방법

네 가지(고관여 제품, 저관여 제품) 각각의 제품 방송을 시청하는 TV홈쇼핑 시청자가 그 제품을 구매하는 데 있어서 어떠한 영향을 받고 구매를 하는지 설문 조사를 통해 알아본다.

3) 주요 개념의 조작적(개념적) 정의

소비자 관여도는 다양한 종류의 상품을 특성별로 구분 짓는 기준 중 하나로 많은 연구에서 유용하게 활용되었다.

고관여란 제품에 의해 일어나는 각성, 흥미, 감정적 연관성의 수준이 높은 내면의 상태를 말하며, 저관여란 각성, 흥미, 연관성의 수준이 낮은 상태를 말한다.

고관여와 저관여로 구분된 소비자가 어떤 제품군에 대한 관여도가 높으면 낮은 경우에 비하여 광고에서 제시된 제품 정보의 처리에 보다 많은 인지적 노력을 기울인다.

제3절 국민기초생활보장에 관한 연구

(대학교 보고서의 형식을 가지고 작성된 연구조사 보고서이다. 단지 이론적인 면을 주로 다루고 구체적이거나 실질적인 연구조사가 없이 인터넷이나 이론적인 자료에 의존한 보고서 형식이다.)

1. 서론

산업화가 진행되면서 빈곤은 사회 경제적 모순에 부딪히게 되었다. 시장경제의 부작용인 빈부 격차로 인한 사회적 갈등을 반전시키기 위해 제도적 마련이 시급해졌다. 이러한 시대적 요청에 의해 최저 생활보장인 공공부조가 태동되었다. 그러면 공공부조의 대표적인 국민기초 생활보장 제도를 중심으로 실태파악과 문제점 및 대안을 제시해 보기로 한다.

(서론에서는 이 연구가 필요한 이유, 즉 연구의 필요성과 목적이 기술되어야 하며 나의 생각으로 이러한 연구의 필요성을 써야 한다. 목적이 명확하여야 할 것이다.)

2. 본론

1) 개념

공적 부조는 스스로 생활 유지 능력이 없는 사람들에게 국가나 지방자치 단체가 인간다운 생활을 영위할 수 있도록 지원하는 사회복지제도의 하나이다. 우리나라 사회보장 기본법에서 공공부조를 국가 및 지방자치단체의 책임하에 생활 유지 능력이 없거나 생활이 어려운 국민의 최저 생활을 보장하고 자립을 지원하는 제도로서 저소득층의 권리를 강화한다.

2) 정의

공공 부조법은 인간다운 생활을 확보하는 것을 목적으로 하면서
한편으로는 자립을 돕는 것으로 이해할 수 있다. 대표적으로 국민
기초생활보장법과 의료보호법이 있다. 이는 빈곤과 의료문제가 인
간다운 생활을 확보하는 데 중요하다.

3) 공공 부조 용어 및 내용

(1) 용어

일반 조세를 재원으로 자산 조사를 통하여 법정 요건을 충족시
키는 저소득자 급여를 제공하는 제도이다.

(2) 내용

① 소득보장 공적 부조
　　-발달: 1961년 생활보호 제도에서 2000년 국민 기초 생활
　　　보장 제도로 전환
　　-최저 생계비 미만의 부족 소득을 보충하고, 생계 급여, 의
　　　료 급여, 주택 급여 등 지급
② 경로연금 공적 부조
　　-1991년 실시 시설보호 대상 노인에게 지급되다 1992년 70
　　　세 이상 생활 보호 대상 노인에게로 확대됨
　　-경로연금은 1인당 월 3~5만 원으로 수준이 낮아 유명무실
　　　해짐. 이런 문제를 해결하고자 한 것이 기초 노령 연금제도

가 등장, 2008년 1월부터 기초 노령 연금법이 시행됨에 따라 소득이 일정한 기준에 해당하는 70세 이상 노인들 중(2008년 7월부터는 65세 이상 노인으로 확대)

4) 공공부조와 사회보험의 차이점

구 분		사 회 보 험	공공부조> 국민기초 생활보호제도
차이점	지불능력	보험료를 지불할 능력이 있는 국민을 대상으로 함	보험료를 지불할 능력이 없는 계층을 대상으로 함
	개별성	의료, 질병, 실업, 노동재해, 폐질 등을 개별적으로 제도화	이들을 종합하여 하나의 제도로 행함
	재원	기여금으로 재정확보	조세로 재정 확보
	대상	모든 참여자	일정 기준 해당자
	급여 수준	자격 갖춘 사람에게 급여 지급	지급하되 최저 필요 범위로 한정
공통접	목적	국민의 경제생활 보호	국민의 경제생활 보호

* (표는 〈 〉 표시로 묶고 제목을 넣어주어야 하며, 표 작업 시 좌측과 우측 선 없음으로 하여야 한다.)

3. 국민기초 생활보장법 제정

IMF 사태 이후 초유의 대량 실업으로 절대 빈곤층이 대량 발생되었을 당시 기존의 생활보호제도로는 그 기능을 제대로 수행하지 못했다. 그 이유는 생활보호제도는 19세 미만~65세 이상 폐 질환자나 임산부와 같은 근로 무능력자로서 부양 의무자가 없는 제한된 인구 계층에 한하여 실시되기 때문에 대량 실업발생에 따른 18세 이상 64세 미만의 근로능력 빈민들의 생존문제를 방치한다. 이에 18세 이상 64세 이하의 국민들도 장기실업 등으로 인해 절대적 빈곤 상태에 빠진 경우 이들도 최소한의 인간다운 생활을 영위할 수 있도록 기존의 생활 보호법을 전면적으로 개정하였다. 2000년 10월부터 국민 기초생활보장법으로 대체하였다. 즉 이를 통해 절대 빈민층의 기초 생활과 자활이 필요한 사람에게 종합적인 자립 서비스를 제공하여 생산적 복지 구현 목표로 했다.

- 국민기초생활보장제도는 기초생활보장, 자활지원, 의료 급여를 포함하고 있다.

1) 제도 개요

국민기초생활보장제도는 가족이나 스스로의 힘으로 생계를 유지할 능력이 없는 최저 생계비 이하의 절대 빈곤층 국민에게 생계, 교육, 의료, 주거 등의 급여를 통해 기본적 생활을 국가가 보장해 주고, 근로능력이 있는 자에게는 체계적인 자활지원 서비스를 제공하여 자활, 자립을 지원해 주는 제도이다.

2) 국민기초생활보장제도에 의한 급여 방법

- 보호개념: 급여 개념으로 전환(수급권자의 자립, 자활 촉진).
- 급여의 종류
① 생계 급여: 가장 기본적인 생활보호의 방법으로 금전이나 물품을 수단으로 하는 대상자 또는 피위임자에게 생활필수품을 제공하는 보호
▶ 지급 대상자: 모든 수급권자, 단, 근로능력이 있는 자에게는 조건부로 지급함
▶ 급여 수준: 수급권자의 연령, 가구 수, 거주 지역, 기타 생활여

건 등을 고려하여 복지부장관이 정하되, 최저 생계비 이상이
되도록 정함

② 주거 급여: 수급권자에게 주거안정에 필요한 임차료(전세 자
금), 주거의 유지 수선비, 기타 수급품 지급하는 보호

③ 의료 급여: 의료 요보호자에게 의료를 받게 하는 보호

④ 교육 급여: 대상가구의 중, 고등학교 자녀에게 수업료를 지원
하는 보호

⑤ 해산 급여: 의료보호 대상자가 출산 전후를 통해 필요한 조치
와 보호를 받음(1인당 20만 원을 현금으로 지급)

⑥ 장제 급여: 거택 보호 대상자화 시설보호 대상자가 사망하였
을 경우 지급(의료 급여 1종은 가구당 50만 원, 2종은 20만
원을 현금으로 지급)

⑦ 자활 급여: 근로 능력이 있는 대상자에게 자립, 자활할 수 있
는 기반 조성

3) 국민기초생활보장제도의 특징

(1) 수급권자에 대한 종합적 자활, 자립을 지원

① 근로 능력자의 근로의욕과 능력 그리고 가구의 여건을 감안
한 자활 프로그램 및 사회복지 서비스 제공(근로 유인을 위
한 소득공제 제도 도입. 직업훈련, 공공 근로, 자활 공동체
창업, 자원봉사 등에 참여할 것을 조건으로 생계비를 지급)

② 수급권자가 자활사업 참여로 소득이 기준을 초과한 경우도
사업에 계속 참여할 수 있도록 자활 급여 특례자로 보호

③ 자활 특례자 가구에 만성질환이나 중, 고등학생이 있어 지속
  적인 지출이 필요한 자에 한하여 의료 급여나 교육 급여를
  제공

4) 운영의 합리성 제고

(1) 국가부담 비율, 시도부담비율, 시군구 부담비율을 차등하여
  적용함으로써 비용부담 문제를 완화
(2) 기초자치단체장은 수급 여부 결정 전에도 필요할 경우에는
  긴급 급여 가능 의료 급여
(3) 의료 급여는 생활 유지 능력이 없거나 생활이 어려운 국민들
  의 의료 문제를 지원하고, 질병으로 인한 빈곤을 방지하기 위
  하여 국가가 보장하는 공공부조 제도

5) 해당제도의 전달체계

현재의 전달체계는 중앙정부와 지방정부의 혼합체계로 읍, 면,
동의 조사업무 부담을 줄이기 위해 통합 조사팀으로 조사업무를
이관하였지만 신규 수급자 선정을 위한 자산조사 및 조사만 수행
할 뿐 정기적인 확인조사나 기타 조사는 여전히 읍, 면, 동에서 실
시하고 있다. 또한 시, 군, 구로 조사업무를 이관하도록 되어 있음
에도 불구하고 통합 조사팀의 일력이 부족한 경우에는 읍, 면, 동
에서 거의 대부분 내용을 조사해서 올려 보내야 하는 실정이다. 초
기 상담과정에서의 조사내용에서도 신청자의 소득, 재산, 가계도까
지 작성하게 되어있으며 읍, 면, 동과 통합 조사팀과 상담 자료도

공유하도록 되어 있으며 통합조사팀에서도 과거 읍, 면, 동과 마찬가지로 자산조사 개인가구별 방문으로 실질소득 재산 등을 면밀하게 조사하여 선정하도록 되어 있으나 추정조사를 병행하고 있으며, 사회복지 전담 공무원의 재조사를 통해 중앙정부와 지방정부의 통합체계 안에서 급여 수준을 차감하게 되는 데 민원의 소지가 있으며 전문요원과 사회복지사의 대거 투입으로 보다 질적으로 한 단계 업그레이드된 서비스를 하여야 한다.

4. 해당제도에 대한 개인적 평가 및 소감, 분석

1) 많은 빈곤층이 사각지대에 있다는 점

시장 소득을 기준 않고 생존에 필수적인 재산(주택 또는 전, 월세를 소득으로 환산하여 최저 생계비에서 차감하는 문제)

2) 급여 수준의 비현실화

물가 상승 고려하지 않고 턱없는 최저 생계비.
국민기초생활보장 급여 최저 생계도 안 되는 141,220원.
혼자서 하루하루 연명하며 살아가는 사람이 있음.
예) 얼마 전에는 폐렴으로 죽을 고생을 하고 예전부터 심하던 천식으로 일도 못 할 정도이고요. 폐렴은 나았다고 합니다만 겉은 40대인데 속은 60대이고, 완전 노인입니다.
생계 급여 112,060원, 주거 급여 29,160원, 합이 141,220원.

월세 15만 원인데 월세도 못 낸다는…….

생활비도 안 되는 급여로 어떻게 생활하라는 건지요.

최저 생계 급여 1인 435,921원은 못 되더라도 임대료 포함 생활 비용은 돼야죠.

2종이라 해도 임대료 있어야 되고 생활비도 있어야 되는데 일 못 하는 사람은 14만 원으로 살아가라고 수급자에게 무작정 떠넘기는 것이 현 상황인 것 같아요.

더구나 아픈 몸이라도 요즘은 일거리가 없는 일용직이라도 찾아본다고 하지만 있을 턱이 없죠. 일이 있어도 건강하지 못한 사람을 누가 일용직으로 채용할까요.

신청할 때의 이런저런 사유(사연)를 외면하면 그 사람이 기댈 곳은 어디일까요.

얼마나 어렵고 힘들면 기초생활보장수급권을 신청했을까 생각됩니다.

3) 근로능력 판정모델의 개선과 자활지원 사업의 프로그램의
   현실화 등

4) 국민기초생활보장법의 시행과 관련된 문제점

근본적인 이유는 국민기초생활보장법 취지에 대한 국민적 공감대의 형성이 아직도 미비하여 적정예산의 확보에 어려움이 있다. 따라서 가장 중요한 장기적 과제의 하나는 전담공무원을 포함한 일반인에게 빈민의 사회적 기본권에 대한 인식수준을 높이고 빈민

자신들의 권리의식을 강화시키는 것이다. 사회 모든 구성원들이 빈민은 사회적인 책임에 있다는 공감대 형성으로 적극적이고 지속적인 노력으로 법 본래의 정신에 충실한 국민 기초생활 보장제도가 정착될 수 있어야 하겠다.

우리나라 65세 이상 고령자 가구의 상대적 빈곤율이 45%로, OECD 국가 가운데 꼴찌라고 한다. '상대적 빈곤율'이란 소득이 많은 쪽부터 헤아려 한가운데에 속한 사람 소득(중위 소득)의 절반이 안 되는 사람 비율을 말한다. OECD 평균치는 13%다. 우리 다음으로 높았던 아일랜드 노인의 상대적 빈곤율은 31%다. 한마디로 대한민국이 OECD 국가 중 노인이 가장 비참하게 사는 나라라는 뜻이다.

한국의 노인들을 빈곤의 구렁텅이에 밀어 넣는 최대 원인은 가족 해체다. 1980년엔 60세 이상 노인 72.4%가 자식의 봉양을 받았다. 그 비율이 2003년엔 31.1%로 떨어졌다(한국노동패널 조사). 세태가 자식이 부모를 봉양하지 않는 방향으로 흐르게 되면 정부나 지방자치단체가 그 몫을 대신해야 할 텐데 턱없이 부족한 상태다. 정부가 70세 이상 노인 300만 명에게 지급한 기초노령연금은 1인당 월 8만 4,000원꼴로, 총 3조 5,000억 원밖에 안 됐다.

한국의 고령화(高齡化) 속도는 세계에서 가장 빠르다. 국가 재정만으론 그 속도와 부담을 따라가기 힘들다. 대안(代案)은 노인들에게 일자리를 줘 경제에도 기여하면서 삶의 보람을 찾게 해 주는 것이다. 근로자의 평균 퇴직 연령은 56세로 일본(66세)보다 10년이나 빠르다. 노인 가운데 57%는 또 한 번 일할 기회를 원하고 있다. 자연 수명이 느는 만큼 경제 수명도 연장시켜 줘야 할 텐데, 청년 백수가 들끓는 형편에선 어려운 이야기다.

한국 노인들은 60세에 은퇴해서 80세까지 산다고 치고, 이 기간 잠자고 밥 먹는 시간을 뺀 7만 시간을 '7만 시간의 공포'라고 부른다. 한국의 노인들에게 이 7만 시간을 가치 있고 행복하게 활용할 수 있는 인프라를 마련해 주는 것은 현재의 중요 과제이자 미래의 최대 과제라고 할 수 있다.

상기와 같이 단기간에 우리나라의 사회복지영역에서 국민기초생활법상 법과 제도는 빠르게 발전하였으나 1960년대 선진국들은 이미 빈곤의 적정수준에 대한 지원에 대하여 사회적 합의를 도출하여 내었으나 우리나라는 지금도 최저 생계비조차도 어느 정도가 적정한지 사회적으로 정하지 못하고 있는 복지 후진국에 속한다.

그러므로 지금은 증빙서류로 확실하게 하고 있다. 이것도 문제가 될 수 있다. 재산도 없고 일도 못 하고 만성질환자라면 최저생계를 지원받도록 하는 것이 마땅하다고 본다. 또한 재산이 약간 있더라도 가령 형제들이 조금씩 모아서 장만해 준 부동산 등의 재산이라면 만정질환자의 경우 지원을 받아야 된다고 생각한다. 국가의 정책에 구멍 난 문제라고 생각한다. 즉 겉으로 들어나는 겉만 평가하고 환경에 처한 상황을 무시해 버리고 혜택이 없다면 힘들게 살아갈 수밖에 없는 위치에 처해 있다.

5) 국민 기초생활 보장제도의 방향

(1) 공공부조의 책임주체를 지방자치 단체에 위임하고 대상자의 조사, 발굴, 급여의 지급 등에 대한 업무를 이양하는 것이 효과적이어야 한다.

(2) 수급자가 한 지역적으로 집중되는 것을 막고 지방자치 단체 간에 재정 자립도의 격차를 줄여서 지역 균형 발전의 방향을 모색해야 한다.

(3) 국세와 지방세에 대한 세제개혁, 재정교부금의 조정능력의 개선 등이 중요하다.

5. 결론

국민 기초생활 보장제도는 우리나라를 복지국가로 만든 제도임에는 분명하다. 그렇지만 복지로의 초기 단계로 본다. 그 이유는 첫째로 최저한의 생활보장이 그것이다. 최저에서 최적의 소득수준으로 해야 더 바람직하다고 본다. 한국의 공공 부조의 대표적인 국민 기초생활 보장이 법체계화된 측면에서는 매우 중요한 의의가 있다고 본다. 시행과정에서 드러나는 문제점은 개선의 효과로 나타나면 될 것이고 수정 보완 작업이 시급하다고 본다. 보다 더 발전 지향적인 국민 기초생활 보장제도의 우리나라가 되길 바라며 장점은 살리고 단점은 수정, 보완, 개선하여 선진복지로의 길이 열리길 바란다.

(대부분 결론에서는 본론에서 논의하였던 이론들과 조사연구의 장점과 단점을 기술해 주고, 나의 생각을 논하고, 개선점과 대안점을 기록하여야 한다. 그래야 연구보고서 또는 대학 리포트의 의미가 나타날 것이다. 마지막에 참고문헌이 기록되는 것은 당연한 것이다.)

제4절 노인복지법에 대한 논의

1. 서론

노인인구의 급증은 여러 가지 새로운 사회문제를 발생시키게 되었다. 전통적인 농경사회에서 누리던 노인의 지위와 역할의 변화에 따라 가족의 구조적 그리고 기능적 변화, 공업화에 따른 노인 취업 곤란 및 정년제도의 보편화 현상, 가치관의 변화에 따른 경로우대 사상의 퇴조 등으로 노인들의 사회·경제적인 지위는 하락하게 되었고 이러한 사회문제의 해결을 위해 노인복지의 필요성이 논의되게 되었다.

이러한 사회적 변화는 새로운 법제정의 필요성을 요구했으며, 이러한 배경으로 노인복지법이 제정된 것이다. 노인복지법은 이렇게 증가하는 노인에 대한 사회적·경제적·심리적인 공식적이고 법제적인 보장체제로서 반드시 우리사회에 필수적인 것이다.

2. 본론

1) 노인복지법의 취지

의약 기술의 발달로 인해 평균수명이 연장되어 노인 인구의 수가 크게 증가하는 한편 산업화, 도시화, 핵가족화의 진전에 따라, 노인문제가 점차 큰 사회 문제로 대두되고 있음에 대처하여 우리

사회의 전통적 가족제도에 연계하고 있는 경로 효친의 미풍약속을 유지, 발전시켜 나아가는 한편 노인을 위한 건강보호와 시설의 제공 등 노인 복지 정책을 효과적으로 추진함으로써 노인의 안락한 생활을 북돋우어 주며 나아가 사회복지의 증진의 취지가 있다.

2) 노인복지법의 연혁

(1) 1981. 06. 05. 노인복지법이 제정

법률 제3463호로 우리나라 최초의 노인복지법이 제정됨

(2) 1989. 12. 30. 제1차 전문개정

① 노인복지대책위원회를 설치하고, 국가 또는 지방자치단체가 65세 이상의 노인에 대하여 노령수당을 지급할 수 있도록 하였다.

② 노인복지시설의 범위에 실비양로시설, 유료노인 요양시설 및 노인복지주택을 추가하였다.

③ 노인문재가 심각한 사회문제로 대두됨에 따라 노인 복지의 증진을 도모하는 데 필요한 제도를 보완, 개선하고자 하였다.

④ 국가 또는 지방자치 단체가 65세 이상의 노인에 대하여 노령수당을 지급할 수 있도록 하였다.

(3) 1993년. 12. 27. 제2차 노인복지법 일부개정

① 행정규제완화시책의 일환으로 사회복지법인이 아닌 민간기업

체나 개인도 시·도지사의 허가를 받아 유료노인복지시설을 설치·운영할 수 있도록 하였다.

② 재가노인복지사업의 종류를 가정봉사원 파견사업, 주간보호사업, 단기보호사업으로 명시하였다.

③ 사업실시의 법적 근거를 마련하고, 행정처분의 상대방 또는 대리인에게 의견 진술의 기회를 주기 위하여 청문절차를 규정하였다.

(4) 1997. 08. 22. 제3차 노인복지법 전문개정

① 매년 10월 2일을 노인의 날, 매년 10월을 경로의 달로 하였다(동법 제6조).

② 노년생활의 안정도모와 노인공경의 차원에서 국민연금수혜에서 제외되었던 65세 이상의 경제적으로 생활이 어려운 일정한 자에게 경로연금을 지급하도록 하였다(동법 제9조).

③ 치매·중풍 등 중증질환 노인과 만성퇴행성 노인 환자를 효율적으로 관리하기 위하여 노인전문요양시설·유료 노인전문요양 시설 및 노인전문병원을 설치할 수 있도록 하였다(동법 제23조, 동법 제34조 제1항).

(5) 1999년 02. 08. 4차 개정

① 노인복지 대책 위원회를 폐지한다(동법 제5조 삭제).

② 경로연금, 지급대상자 선정을 위한 소득기준과 재산기준을 동시에 충족하는 경우에 경로연금 수급권자가 되도록 한다(동법

제9조 제1항).

③ 국민기초 생활보장 수급자인 경우에는 국민연금 등 공적연금을 수급하고 이E더라도 경로연금을 수급할 수 있도록 한다(동법 제46조 제6항 삭제).

3) 노인복지법의 목적

노인의 질병을 사전에 예방하거나 조기발견하고 질병 정도에 다라 적절한 치료 요양으로 심신의 건강을 유지하고, 노후의 생활안정을 위하여 필요한 조치를 강구함으로써 노인의 보건복지 증진에 기여함을 목적으로 한다.

4) 노인복지법의 법체계

(1) 노인장기요양보험제도와 기존 노인복지서비스 체계의 비교

① 노인장기요양보험제도
- 관련 법령: 노인장기요양보험법
- 서비스 대상: 보편적 제도, 장기요양이 필요한 65세 이상 노인 치매·노인 등 노인성 질환을 가진 65세 미만의 국민
- 서비스 선택: 수급자 및 부양가족의 선택에 의한 서비스 제공
- 재원: 장기요양보험료＋국가 및 지방자치단체 부담＋이용자 본인부담
- 서비스: 시설 급여, 재가 급여(방문요양, 방문목욕, 방문간호, 주·야간보호, 단기보호 특별현금 급여, 가족요양비 등)

- 시설에 대한 지원 방식: 시설 급여 및 재가 급여 제공자는 비용을
  수가산정 방식을 적용하여 국민건강보험공단에 청구 건강보험공
  단은 청구된 장기요양 급여 및 비용 등의 적정 여부 심사 후 지급

② 기존 노인복지서비스체계
- 관련 법령: 노인복지법
- 서비스 대상: 특정 대상 한정(선택적), 국민기초생활보장수급자
  를 포함한 저소득층 위주
- 서비스 선택: 지방자치단체장의 판단(공급자 위주)
- 재원: 정부 및 지방자치단체의 부담
- 서비스: 시설·재가서비스를 제공하나, 서비스 질에 대한 관리
  미흡
- 시설에 대한 지원 방식: 지방자치단체를 통하여 시설 입소인원
  또는 연간 운영비용을 기준으로 정액 지급(사후 정산)

5) 노인복지법의 권리

(1) 일자리 창출

평균 수명의 연장으로 고령화 사회가 확대됨과 저출산으로 인해
생산 경제가 무너질 위기에 있다고 본다. 이에 노인의 일자리 창출
과 자원봉사를 접목시켜 성취감과 봉사심을 고취할 필요가 있다.
노인 자신에게 주는 이익으로서 자원봉사활동에의 참여는 사회의
일선에서 물러나 자칫하면 상실하기 쉬운 자신의 사회적 가치성을
회복하거나 유지할 수 있게 해 주어 자신이 옛날처럼 사회에 유용

하고 주요한 존재가 되고 있다는 가치를 갖게 해 준다는 것이다. 또한 노인의 자원봉사활동에의 참여는 사회복지에 큰 공헌을 하고 나아가서 사회의 개선과 발전에 큰 기여를 하게 되어 비노인층이 노인을 보는 인상을 긍정적으로 변화시킬 수 있다는 것이다.

예를 들면 요즘 시행하고 있는 학생들의 등하교 시 횡단보도 신호등 지킴의 예를 들면 학생들을 보호도 하며 일을 할 수 있는 일석이조의 한 예로 본다.

(2) 노인 학대

약자, 빈곤, 질병, 등으로 인해 부양의무가 있는 가족에게 학대나 질타, 따돌림 등 소외감을 가질 수 있다. 그러므로 노인 학대를 방지 차원에서 강력한 법적 규정을 둘 필요가 있다고 본다.

(3) 인간다운 삶

사람은 누구나 인간다운 삶을 살아갈 가치가 있다. 노인도 하나의 인격체로 인간답게 살아야 한다. 생명은 고귀한 것이다. 남녀노소 서로 도와 가면서 다 같이 편안한 삶을 통해서 노인을 공경하여 노인의 안녕에 힘써야 한다.

6) 노인의 의무

(1) 부양의 의무

가족은 노인 부양할 의무가 있다. 요즘은 핵가족화, 맞벌이 등으로 노인을 모시기에 어려움이 있다. 또한 돌보아 줄 대상이 없는 사각지대의 노인문제도 대두된다. 이에 국가가 일정 부분 지원해 시설이나 복지센터 등으로 보내 대신하는 제도가 있어 다행이라고 할 수 있다. 대표적으로 노인 장기 요양보험 제도를 보면, 고령이나 치매, 중풍 등으로 인해 6개월 이상 동안 혼자서 일상생활을 수행하기 어려운 노인 등에게 신체활동 및 일상 활동 지원 등의 장기요양 급여를 제공함으로써 노후의 건강증진 및 생활안정을 도모하고 그 가족의 부담을 덜어 주기 위해 사회연대 원리에 의하여 운영하는 제도이다.

① 적용 대상자
- 전 국민(장기요양보험가입자, 건강보험과 동일 + 의료 급여수급권자)
② 보험료 납부 대상자
- 장기요양보험 가입자
※ 건강보험료 납부대상자와 동일
③ 장기요양인정 신청인(장기요양인정을 신청할 수 있는 자)
- 65세 이상 노인 또는 65세 미만의 자로서 치매·뇌혈관성질환 등 노인성 질병을 가진 자
④ 수급자(장기요양 급여를 받을 자)
- 신청인의 심신의 기능상태 및 장기요양이 필요한 정도에 따라 등급판정위원회에서 장기요양인정을 받은 자

(2) 국가의 노인을 위한 의무(제34조)

① 모든 국민은 인간다운 생활을 할 권리를 가진다.

② 국가는 사회보장, 사회복지의 증진에 노력할 의무를 진다.

③ 노인의 복지향상을 위한 정책을 실시할 의무가 있다.

④ 노령 등 기타의 사유로 생활능력이 없는 국민은 법률이 정하
는 바에 의하여 국가의 보호를 받는다.

(3) 노인 학대 신고의무

노인은 공경할 대상이지 학대할 대상은 아니다. 사회적 약자인
노인은 젊은 세대들과 국가가 마땅히 책임을 져야 한다. 그동안의
이 나라가 존재하는 이유도 노인들께서 이루어 놓은 업적이고 우
리가 이만큼 경제 발전을 이룬 것도 그들의 몫이다. 그러므로 우리
는 노인 분들께 감사하며 정성껏 노후를 봉양해 노인들에 인간다
운 삶을 보장하고 젊은 세대들은 함께 더불어서 사는 과정에서 행
복한 삶의 질을 높여 갈 수 있을 것으로 본다. 노인 학대는 사회악
으로 근절되어야 하기 때문에 이웃이나. 개인들도 국가나 정부에만
미루지 말고 적극적으로 나서 효의 나라 대한민국을 세계에 각인
시킬 필요가 있다.

3. 결론

정부는 복지시설 확충 예산을 늘리고 재정능력을 향상시켜 재정의
영세성을 극복 할 필요가 있다. 노인 공동 작업을 설치해 여가 선용

과 소득창출을 하고 노인 건강 유지에 필수적인 치매, 중풍, 노인 등을 위한 노인 전문 요양시설을 확충 여타 부문의 예산을 줄여서라도 노인분야 예산을 대폭 확대하는 방향을 모색하고 기업도 인식이 변화되어 숙련공들의 활용도를 높이는 게 기업 자신도 살길이라는 점을 알아야 한다. 부모에 대한 아들딸의 책임과 역할도 크게 바뀌어야 할 것이다. 출산율 저하를 막는 일을 병행하는 것이 한국이 노인 국가가 돼서도 지속적인 발전을 기대할 수 있는 원동력이 될 것이다.

(결론에는 구체적으로 나의 생각이 들어가야 한다. 특히 본론에서 이야기한 내용 중 개선점과 대안이 들어가야 할 것이다.)

제5절 행동주의 이론과 인지이론

(아래 이론들은 보고서 형식이 아닌 일반적인 요약수준의 글이다. 이러한 것들은 조사영역이 아닌 이론적인 기술에 불과하다.)

◆ 행동주의 주요 이론

John B. Watson(1913)이 행동주의 개념을 미국심리학에 도입하였다. 그는 심리학이 행동에 대한 객관적인 데이터에만 관심을 가져야 한다는 입장을 주창하였다. 즉 드러난 행동 그 자체에만 충실

하자는 것이었다. 급진적 행동주의의 주창자인 B. F. Skinner는 Watson의 영향을 받아 심리학의 기본주체로서 행동을 강조하였다. 그러나 그는 Watson의 연구 방법과 근본적으로 달랐다. 행동주의는 1960년대 Skinner의 행동주의 이론이 주류를 이루었다. 그러나 1970년대 이후 미국 심리학에 주도적인 역할을 하진 못하였다. 학습의 의미는 의도적, 지속적인 변화, 관찰 가능한 행동의 변화를 이끌어 내는 것이다. 대표 이론으로 S－R결합설(Thorndike)－시행착오설(trial and error theory), 고전적 조건반사설(Pavlov), 조작적 조건화(Skinner), Guthrie의 자극－반응 결합설, Hull의 체계적 행동이론을 들 수 있다. 행동주의 학습심리학의 역사상 가장 많은 영향을 끼친 연구자인 Skinner의 이론에 대해 요약해 보겠다. 그는 실험심리학적 방법에 입각해서 인간 행동의 일반적 원리와 법칙을 찾아 교육에 응용하는 데 공헌하였다. 그는 근본적으로 외부로부터 어떠한 세력이 있고 그에 따라 반응하는 과정이 있어야 하며 행동적으로 수정이 가능하다고 가정하였다. 그의 조작적 조건형성이론의 주요 변인은 자극, 반응, 강화이다. 즉 자극이 있고 그에 따른 반응이 따르며 강화에 따라서 행동의 수정 또는 지속적인 강화가 따른다는 말이다. 스키너는 상자를 이용해 자극에 따른 유기체의 반응과 강화를 실험하였다. 스키너의 상자는 적당한 자극 후에 반응에 따른 강화가 잇따르도록 만들어진 것이었다. 스키너는 학습에 있어서 변별자극과 반응, 그리고 강화자극의 세 가지 요소를 구성하였다. 변별자극이란 비둘기 실험으로 알 수 있다. 두 스위치를 두고 한 스위치를 눌렀을 때 강화가 나타남에 따라 그것을 반복하게 함이다. 행동을 강하게 유지시키는 어떤 행동의 결과, 즉 어떤 결과를 강화해 줌으로써 독특한 형태의 반응의 재발 가능성을 증대시킬 수 있는 것이다. 강화로는 일차적 강화와 이차적 강화 그리고 일반적 강화가 있다. 일차적 강화의 예로는 음식을 들 수 있는데 훈련 없이 반응의 비율이 증가되는 것을 말한다. 그리고 이차적 강화는 Pavlov의 개 실험에서의 종을 예로 들 수 있다. 마지막으로 일반화된 강화는 돈을 예로 들 수 있다. 돈을 누구에게나 보상으로 쓸 수 있기 때문이다. 강화는 또 두 가지로 구분하는데 정적 강화와 부적 강화로 나뉜다. 두 가지의 강화 모두 그에 짝지어지는 반응을 증가시킨다. 정적 강화는 호의적인 대상을 제공하는 것이고 부적 강화는 비호의적, 혐오적인 것을 제거하는 것이다. 처벌은 어떤 행동이 나타났을 때에 벌을 말한다.

◎ 인지주의 이론

인지주의는 인간의 인지적 사고 능력을 바탕으로 인간의 행동하는 데 있어서 심적(기억, 지각, 지능, 언어 등)에 초점을 두는 것 이다. 학습은 그 자체가 보상이 되어야 하며 자기발견이 더욱 의미가 있다는 것을 기본가정으로 하였다. 실용적 인지주의는 유럽적 성격을 띠고 있으며 순수탐구를 강조하였다. 구조를 중시하고 허구적 선입견에서 벗어나서 사실에 충실한 과학이 되어야 한다고 하였다. 대표적 이론으로는 통찰설－Kohler, 장이론－Lewin, 잠재적 학습－Tolman－인지적 행동주의, 관찰학습－Bandura, Piaget의 인지학습이론이 있다. 개방된 변혁이나 단순히 점진적인 진보과정으로 보인다해도, 인지이론이 현재 학습이론의 중심으로 이동했다는 것이 일반적인 인식으로 보인다. 피아제는 인간의 적응과 발달을 이지적 측면에서 연구함으로써 가장 영향력 있는 인지이론을 제시하였다. 인간의 인지발달은 자연적인 성숙과 환경의 상호작용에 의해 발달한다는 것이다. 그 과정을 질적으로 다른 4단계를 거친다고 하였고 그 속도는 차이가 있으나 거의 문화적 보편성을 나타낸다고 하였다. 그의 인지발달 이론에서 기본이 되는 주요 개념은 도식, 동화, 조절, 평형이다. 도식이란 유기체가 가지고 있는 이해의 틀을 말하며 유기체가 환경가의 접촉에서 반복되는 행동과 경험에서 형성되는 것이고 동화는 이미 갖고 있는 도식 또는 체계에 의해 새로운 대상이나 사건을 해석하고 이해하는 인지과정이고 조절은 기존의 인지구조로 새로운 대상을 받아들일 수 없는 경우에 기존의 구조를 변경시키는 과정이다. 피아제는 이 동화와 조절이라는 두개의 기제가 상호 유기적으로 작용하는 것으로 보았다. 평형이란 새로운 상황에서 일관성과 안전성을 이루려는 시도를 말하며 계속적인 동화와 조절의 과정을 통해 이루어진다. 피아제는 지적 발달에 관한 인지이론을 감각운동기, 전조작기, 구체적 조작기, 형식적 조작기 4단계로 나누었다. 감각운동기란 생후 초기의 아동의 인지활동은 감각적이고 동작적이기 때문에 이 시기 동안에서는 감각을 통해 학습한다는 것이다. 전조작기(3~6세)는 2세가 지나면서 아동은 감각, 동작적 행동에만 의존하던 것을 차츰 새로 습득한 언어와 대치하게 될 뿐 아니라 다양한 상징적 능력도 발달하게 된다. 그러나 아직 개념 개념형성은 되지 못하였다. 이때 아동은 보이는 그대로 대상을 판단하는 직관적 사고를 하게 되며 자아 중심적 사고를 보이는데 이것은 언어에서 주로 나타난다. 과거에 체험한 것을 상징적으로 재현하려 하는 상징적 사고도 볼 수 있으며 실재론적 사고, 도덕적 실재론, 꿈의 실재론 등의 특성을 나타낸다. 구체적 조작기(7~11세)에 접어들면 아동의 사고는 급격한 진전을 보인다. 이때 일반적인 것으로 관점이 확대되며 내적 표상을 여러 가지 방법으로 조정할 수 있게 되어 자기중심에서 벗어나 탈 중심화가 된다. 형식적 조작기(12세 이후)에는 추상적이고 논리적인 사고를 할 수 있고 문제 해결을 하는 데 있어서 성인과 같은 형태로 사고할 수 있다. 도덕발단단계는 도덕적 실재론의 단계와 도덕적 상대주의 단계로 나눈다. 첫 번째 단계는 구체적 조작기 단계의 아동의 도덕성을 지칭한다. 이때는 놀이의 규칙을 강조하는 경향이 나타나고 규칙이란 절대적인 것으로 믿는다. 두 번째 단계에서는 사회적 규칙은 사회구성원들의 합의에 따라 의문 제기 혹은 수정될 수 있다는 것을 알게 된다.

◎ 행동주의(Behaviorism) 이론

어떻게 학습이 일어나는가?(How does learning occur?) 행동주의는 학습을 관찰할 수 있는 형태나 빈도에서의 변화와 같다고 본다. 학습은 특정한 환경자극의 제시에 이어 적절한 반응이 설명될 때 이루어진다. 예를 들면, 식 '2＋4＝?'와 같은 수학 플래시카드가 제시될 때, 학습자는 답이 6이라고 답을 한다. 식은 자극이고 적절한 답은 관련된 반응이다. 중요한 요소는 둘 사이의 자극, 반응, 연상이다. 주된 관심 중에서 자극과 반응 사이의 연상은 어떻게 만들어지고, 강화되며, 유지되는가이다. 행동주의는 강화에 따른 반응이 미래에 더 잘 회상이 되도록 수행과 내용의 결과의 중요성에 초점이 맞추어져 있다. 학생 지식 구조를 결정하거나 그것들의 사용에 필요성을 느끼는 정신적인 과정을 평가하기 위한 시도를 한 적이 없다(Winn, 1990). 학습자는 발견적 환경에서 능동적 역할을 수행하는 데 대립하는 것으로서 환경에서 조건에 반응하는 것으로 특징지을 수 있다.

- 어느 요소가 환경에 영향을 주는가?(Which factors influence learning?)

학습자와 환경요소가 모두 행동주의자에게 중요하게 생각된다 할지라도, 환경 조건이 가장 크게 강조가 된다. 행동주의자들은 어느 시점에서 수업을 시작할 것인가를 결정하는 것뿐만 아니라 특별한 학생에게 가장 효과적인 강화를 결정하는 것으로 학습자를 평가한다. 가장 중요한 요소는, 그러나, 환경 안에서 자극과 결과의 배열이다.

- 기억의 역할은 무엇인가?(What is the role of memory?)

일반인들이 정의하는 기억(memory)은 전형적으로 행동주의자들과 다르다. '습관'의 획득이 다루어지지만, 이러한 습관이 저장되거나 미래에 어떻게 회상되는지에 관하여 거의 관심이 주어지지 않았다. 망각(forgetting)은 시간이 지난 후 반응을 '사용하지 않는 것'에 관한 속성이다(Schunk, 1991).

- 전달은 어떻게 발생할까?(How does transfer occur?)

전달은 새로운 방법 또는 새로운 상황에 학습된 지식을 적용하는 것이고, 이전의 학습이 새로운 학습에 영향을 주는 것이다. 행동주의 학습이론에서, 전달은 일반화의 결과이다. 동일하거나 비슷한 특징을 포함하는 상황은 학습자(behaviors)에게 공통요소를 통해 전달되도록 한다. 예를 들면, 느릅나무의 식별과 분류에 대해 학습한 학생은 그(녀)가 같은 과정을 사용하여 단풍나무를 분류할 때 전달이 설명된다. 느릅나무와 단풍나무 사이의 유사성은 학습자에게 이전의 느릅나무 분류 학습 경험을 단풍나무 분류 과제에 적용하도록 한다.

- 행동주의 입장에 가장 적합한 학습형태는 무엇인가?(What types of learning are best explained by this position?)

행동주의자들은 교수 단서(cue), 연습, 및 강화를 포함하여 자극－반응 연상을 만들고 강화하는 데 가장 유용한 전략을 찾으려고 애를 썼다(Winn, 1990). 이러한 처방은 일반적으로 변별력(사실의 상기), 일반화(개념의 정의와 설명), 연상(예의 적용), 및 연결(특정한 절차를 자동적으로 수행)을 포함하는 학습을 촉진하는 데 믿을 수 있고 효과적이라고 증명되어 왔다. 그러나 행동주의 원리는 더 높은 수준의 기술 습득이나 더 깊은 수준의 처리를 요구하는 것은 적절히 다룰 수 없다고 일반적으로 받아들여지고 있다(예를 들면, 언어개발, 문제해결, 추론, 비판적 사고)(Schunk, 1991).

이 이론의 어떠한 기본 가정/원리가 수업설계와 관련이 있는가? (What basic assumptions principles of this theory are relevant to instructional design?) 행동주의의 많은 기본 가정과 특성들이 현재의 교수설계 실제(practice)에 포함되어 있다. 행동주의는 이전의 많은

시청각 매체를 설계하는 토대로 사용되어 왔고, Skinner의 티칭머신
(teaching machines)과 프로그램 교재(programmed text)와 같이 많은
관련된 교수 전략을 개발했다. 더 최근의 예는 컴퓨터 보조 수업
(CAI)에서 활용되는 원리와 완전학습(mastery learning)을 포함한다.
수행에 영향을 주는 강화의 사용[확실한 보상, 교육적 피드백]
강한 자극−반응 연상을 보장하는 단서, 모형과 연습의 사용[연
습의 단순에서 복잡으로 계열화, 자극(prompts)의 사용]

• 수업은 어떻게 구성되는가?(How should instructions be structured?)
행동주의자들에게 수업의 목표란 대상 자극에 대해 학습자가 바
람직한 반응을 하도록 하는 것이다. 이것을 완수하기 위해, 학습자
는 적절한 반응과 반응이 일어나는 조건을 실행하는 법을 알아야
만 한다. 따라서 수업은 대상 자극의 제시와 적절한 반응을 하도록
학습자에게 기회를 제공하도록 구조화되어야 한다. 자극−반응 쌍
(pair)의 연결을 촉진하기 위하여, 수업은 자주 단서(초기에 반응이
쉽게 일어나도록 도와주는 것)와 강화(대상 자극 앞에서 올바른 반
응을 하도록 하는 것)를 사용한다. 행동주의 이론들은 교사/설계자
의 업무가 ① 어느 단서가 바람직한 반응을 도출하는지를 결정, ②
'자연스런(natural)' (수행) 설정에서 반응이 일어나기를 기대할 수
없도록 상황에서의 대상 자극과 도움(prompts)이 쌍으로 되도록 연
습 상황을 배열, ③ 학생들이 대상 자극 앞에서 올바른 반응을 만
들 수 있고 그러한 반응에 강화를 받을 수 있도록 환경 조건 배열
(Groper, 1987). 예를 들면, 새롭게 고용된 인간 자원 관리자는 회
사의 특정 형식에 따른 회의 계획을 세우기를 기대한다. 대상 자극

('회의 계획을 세워라'라는 언어 명령)은 초기에는 올바른 반응을 도출하지도 않고 새로운 관리자는 올바른 반응을 만드는 능력을 가지지도 못한다. 그러나 단서의 반복된 제시(즉 과거 계획의 온전한 사본, 표준 형식으로 배열된 비어 있는 회의 계획서)는 언어 명령 자극과 함께 쌍이 되고, 관리자는 적절한 반응을 만들기 시작한다. 비록 초기 응답은 완벽한 형태를 갖추지는 않지만, 반복된 연습과 강화는 반응이 올바르게 실행될 때까지 모양을 갖추도록 한다. 끝으로, 회의 계획을 수립하라는 명령에서, 관리자가 회사 표준에 따라 계획을 신뢰할 수 있게 조직할 수 있고 이전의 예나 모델을 사용하지 않고 그렇게 할 수 있을 때 학습은 이루어진다.

◎ 인지주의(Cognitivism)

1950년대 말, 학습이론은 행동주의 모델의 사용에서 인지과학에서 온 학습이론과 모델의 연구 쪽으로 옮겨졌다. 심리학자들과 교육학자들은 명백하게 관찰할 수 있는 행동에 대한 관심을 깎아내리기 시작했으며, 대신 사고, 문제해결, 언어, 개념형성 및 정보처리와 같이 더 복잡한 인지 과정을 강조했다(Snelbecker, 1983). 지난 10년 동안, 교수설계 분야의 많은 저자들이 공공연하게 그리고 의식적으로 인지과학에서 끌어온 학습에 관한 새로운 심리학적 가정으로 전통적인 많은 행동주의 교수설계에 대한 방향을 새로 정립했다. 개방된 변혁이나 단순히 점진적인 진보과정으로 보인다 해도 인지이론이 현재 학습이론의 중심으로 이동했다는 것이 일반적인 인식으로 보인다(Bednar et al., 1991). 행동주의 경향(거기서 강조하는

것은 조작 자극 매체에 의한 학생의 명백한 수행의 도모)에서 인지
주의 경향(거기서 강조하는 것은 정신적 과정의 도모)으로의 이러
한 이동은, 교수체제에서 제시된 학습매체를 다루는 것에 대한 절차
로부터 교수설계 체제와 상호 작용하고 처리하도록 학생을 가르치는
절차로의 비슷한 이동을 창출했다(Merrill, Kowalis, & Wilson, 1981).

• 학습은 어떻게 일어나는가?(How does learning occur?)

인지이론은 지식의 획득과 내적 정신 구조를 강조하고, 인식론적
연속체의 합리주의 끝에 더 가까이 있는 것 같다(Bower & Hilgard,
1981). 학습은 반응의 확률적 변화라기보다 지식 상태들 사이의 이
산적 변화이다. 인지 이론은 학생의 학습 과정의 개념화에 초점을
맞추고 어떻게 정보가 마음에 의해 받아들여지고, 조직되고, 저장
되고, 검색되는지의 문제를 설명한다. 학습은 학습자가 무엇을 얼
마나 많이 하는가가 아니라 그들이 무엇을 알고 어떻게 그것을 얻
느냐에 관심이 있다(Jonassen, 1991b). 지식획득은 학습자에 의한
내적 부호화와 구조화를 수반하는 정신적 활동으로 설명된다. 학습
자는 학습 과정에 매우 활동적인 참여자로 보인다.

• 어느 요소가 학습에 영향을 주는가?(Which factors influence
  learning?)

인지주의는, 행동주의처럼, 환경조건이 학습을 촉진하는 역할을 강
조한다. 교수설명, 교수실연(demonstrations), 실례(illustrative examples)
및 matched non-examples 모두가 학생 학습을 안내하는 도구로
간주된다. 비슷하게, 강조하는 것은 실습(practice)의 역할을 올바른

피드백으로 대치하는 것이다. 여기까지에서, 이 두 이론 사이의 차이점은 거의 찾을 수 없다. 그러나 학습자의 '능동적' 성질이 매우 다르게 인지된다. 인지적 접근은 반응, 심적 계획(planning)의 인식과정, 목표설정 및 조직적 전략을 이끌어 내는 학습자의 정신활동에 초점이 맞추어진다(Shuell, 1986). 인지이론은 환경 '단서(cues)'와 교수요소 자체로는 교수 상황에서 발생하는 모든 학습을 설명할 수 없다고 주장한다. 덧붙여서 중요한 요소들은 학습자가 정보를 부호화하고, 변환하고, 연습하고, 저장하고 검색하는 데 참여하는 방법을 포함한다. 학습자의 생각, 신념, 태도, 및 가치도 학습과정에 영향을 미친다고 고려된다(Winne, 1985). 인지 접근법의 실제 초점은 그(녀)에게 적절한 학습전략을 사용하도록 격려함으로써 학습자를 변화시키는 것이다.

• 기억의 역할은 무엇인가?(What is the role of memory?)

위에 지적하였듯이, 기억은 학습과정에서 탁월한 역할이 주어진다. 학습은 조직적이고 유의미한 방법으로 기억에 저장될 때 이루어진다. 교사/설계자들은 학습자들이 최적의 방법으로 정보를 조직하도록 학습자를 도와줄 책임이 있다. 설계자들은 이전 정보에 새로운 정보를 연관시키는 것을 도와주기 위해 선행조직자(advance organizers), 비유, 계층적 관계, 매트릭스와 같은 기법은 사용한다. 망각(forgetting)은 방해, 기억 상실, 잊어버림, 또는 정보에 접근하는 데 필요한 부적절한 단서 때문에 기억으로부터 정보를 검색할 수 없는 무능의 상태이다.

- 전달은 어떻게 일어날까?(How does transfer occur?)

인지이론에 따르면, 전달은 정보가 어떻게 기억에 저장되는가에 대한 함수(function)이다(Schunk, 1991). 학습자가 다른 상황에서 지식을 적용하는 법을 이해할 때, 전달은 발생한다. 이해는 규칙, 개념, 변별력의 형태로 지식베이스(knowledgebase)를 구성하는 것으로 보인다(Duffy & Jonassen, 1991). 이전의 지식은 새로운 정보의 같은 점과 다른 점을 식별하기 위한 경계선(boundary constraints)을 만들기 위해 사용된다. 지식은 자체로 기억에 저장되고, 바로 그 지식을 사용한다. 특별한 교수 사태나 실세계 사태들은 특별한 반응을 일으키지만, 학습자는 지식을 활용하기 전에 주어진 상황 안에서 지식은 유용하다는 것을 믿는다.

- 인지주의 입장에 가장 적합한 학습형태는 무엇인가?(What types
  of learning are best explained by this position?)

정신적 구조를 강조하기 때문에, 인지주의 이론은 보통 행동주의 관점보다 복잡한 형태의 학습(추론, 문제해결, 정보처리)을 설명하는 데 더 적절하다고 여겨진다(Schunk, 1991). 그러나 이러한 관점 모두에 대한 수업의 실제 목표는 종종 같은 입장을 가지는 것이 중요하다. 가능한 한 가장 효율적이고 효과적인 방법으로 학생과 지식이 의사소통하고 전달하는 것(Bednar et al., 1991). 지식전달의 이러한 효율성과 효과성을 달성하는 데 있어 양쪽 진영에서 사용한 두 가지 기법은 단순성(simplification)과 표준성(standardization)이다. 즉 지식은 기본 단위(basic building blocks)로 분석되고, 분할되고, 단순화된다. 지식전달은 만약 관련 없는 정보라면 제거해 버린다. 예를 들면, 효과적인 관리 기술에 대한 훈련자 참석 워크숍은 가능한 빨리 그리고 가능한 쉽게 새로운 정보를 동화하거나 수용할 수 있도록, 정보가 '크기(size)'와 '묶음(chunk)'으로 제시된다. 행동주의자들은 전달을 최적화하기 위한 환경의 설계에 초점을 맞추지만, 인지주의자들은 효율적인 처리 전략들을 강조한다.

이 이론의 어떠한 기본 가정/원리가 수업설계와 관련이 있는가?(What basic assumptions principles of this theory are relevant to instructional design?) 인지주의자들에 의해 연구되고 활용된 많은 교수전략은 이유는 다르지만 행동주의자들에 의해서도 강조된다. 분명한 공통점은 피드백의 사용이다. 행동주의자는 바람직한 방향으로 행동을 수정하기 위해 피드백(강화)을 사용하지만, 인지주의자는 적절한 정신적 연결을 안내하고 지원하기 위해 피드백(지식 결과)을 사용한다(Thompson, Simonson, & Hargrave, 1992). 학습자분석과 과제분석도 인지주의자와 행동주의자 모두에게 중요한데, 여기서도 이유만 다르다. 인지주의자는 학습에 대한 소질을 결정하기 위해 학습자를 살펴본다(예를 들면, 학습자는 얼마나 그(녀)의 학습을 어떻게 활성화시키고, 유지하며, 나아가는가?)(Tompsom et al., 1992). 덧붙여서, 인지주의자들은 쉽게 동화될 수 있도록 수업을 설계하는 방법을 결정하기 위해 학습자를 검사한다(예를 들면, 무엇이 학습자에게 존재하는 정신구조인가?). 대조적으로, 행동주의자들은 학습이 시작되는 위치(즉 어느 수준에서 현재 성공적인 수행이 이루어지는가?)와 어느 강화자가 가장 효과적인지(즉 어떤 결과가 학습자에게 가장 바람직한가?) 결정하기 위해 학습자를 살핀다.

• 수업은 어떻게 구성되는가?(How should instructions be structured?)

행동주의 이론은 학생들이 제시된 자극에 적절히 반응하도록 교사가 환경조건을 배열해야 함을 암시한다. 인지주의 이론은 지식을 의미 있게 만들고, 학습자들이 지식을 기억하기 쉽도록 새로운 정보를 조직하고 관련짓도록 도와주는 것을 강조한다. 수업은 효과적으로 학생에게 존재하는 정신적 구조 또는 스키마(schema)에 기초해야 한다. 학습자들이 새로운 정보를 어떤 의미 있는 방법으로 기존의 지식과 연결할 수 있도록 정보를 조직해야 한다. 비유와 은유는 이러한 형태의 인지전략의 예들이다. 예를 들면, 교수 설계 교재는 수업설계자의 주된 책무와 기능을 개념화하고, 조직하고, 유지하는 것을 돕도록 하기 위해 잘 알고 있는 구조와 잘 알지 못하는 수업 설계 사이에 비유를 사용한다(즉 Reigeluth, 1983, p.7). 다른 인지전략은 틀잡기(framing), 개요잡기(outlining), 연상기호법(mnemonics), 개념 매핑(concept mapping), 선행조직자 등의 사용을 포함한다(West, Farmer, & Wolff, 1991). 그런 인지주의에서 강조하는 것은 교사/설계자의 주된 과제가 ① 학습결과에 영향을 줄 수 있는 학습상황에 개개인이 다양한 학습경험을 나타내는 것을 이해하고, ② 학습자의 선수지식, 능력, 경험에 새로운 정보를 조직하고 구조화하는 가장 효과적인 방법을 결정하며, ③ 학습자의 인지구조 안에 새로운 정보가 효과적이고 효율적으로 동화되고 흡수되도록 피드백을 가진 문제를 배열하는 것이다(Stepich, & Newby, 1988). 인지접근법을 활용하는 다음의 학습상황을 고려해 보자. 큰 회사의 교육 부서를 담당하고 있는 관리자는 프로젝트 개발을 극대화하기 위해 비용-편익분석을 완수하도록 인턴을 가르쳐야 한다. 이 경우, 인턴은 업무

설정에서 비용-편익 분석에 대한 경험이 전무하다고 생각할 수 있다. 그러나 인턴이 많이 경험했던 매우 비슷한 절차와 새로운 과제를 연관시킴으로써, 관리자는 유연하고 효율적으로 동화되도록 이 새로운 절차를 기억시킬 수 있다. 이 친숙한 절차는 개인적으로 매달 수표를 검사하도록 하고, 그(녀)가 사치품 구매에 관해 구매의사를 어떻게 하는지, 또는 주말을 보내는 활동들은 어떻게 결정을 하고 순위를 매기는지의 과정을 포함할 수 있다. 그러한 활동에 관한 절차는 비용-편익분석의 절차와 정확히 일치하지는 않는다. 그러나 활동들 사이의 유사성이 친숙하지 않은 정보를 친숙한 상황 안으로 놓도록 해 준다. 더구나 요구사항 처리는 감소하고 단서를 기억하는 잠재적인 효과가 증가한다.

◎ Aron Beck

(1) 기본가정

한 개인이 자신과 세계에 대해 가지고 있는 지각은 자신의 심리적, 사회적 문제나 행복에 있어 다른 무엇보다 중요한 역할을 한다고 가정한다.

Ellis가 한 개인이 가지고 있는 규범의 경직성으로 인해 자신과 타인에게 극단적이고 자기 파괴적 평가를 내리는 행위의 역기능적인 면인 평가적 신념의 오류, 즉 비합리적 신념을 문제의 핵심으로 가정하였다면 Beck은 자신과 세계에 대한 개인의 정보처리 과정에 나타나는 오류와 왜곡을 문제의 핵심으로 가정한다(양옥경 외 4명, 2001).

① 자동적 사고

어떠한 사건에 대한 개인의 즉각적이고도 계획되지 않은 해석으로 개인이 사건에 반응함에 있어 정서와 행위들을 형성(김혜란 외 2명, 2001)하는 것을 그는 '자동적 사고'라고 말하였다. 즉 한 개인이 어떤 상황에 대해 내리는 즉각적이고 자발적인 평가를 의미하는 것으로 자동적 사고를 인식하게 되면 그 사고의 타당성을 평가할 수 있게 된다. 자신의 해석이 잘못됨을 알고 이를 교정할 수 있으며 이것의 교정으로 기분이 나아지는 감정의 변화를 경험하는 것이다(양옥경 외 4명, 2001).

이러한 '자동적 사고'에 대한 개념들은 그의 딸 Judy Beck과 Freeman 등에 더욱 확장되고 발전하였다(김혜란 외 2명, 2001).

② 스키마

그는 인간의 인지를 형성하는 요소들을 스키마, 규칙, 기본 신념 등으로 구분해서 설명하였다.

여기서 '스키마'란 인지의 구조를 일컫는다. 즉 기본적인 신념과 가정을 포함하여 사건에 대한 한 개인의 지각과 반응을 형성하는 인지구조로 대개 이전의 경험에 의해 형성(양옥경 외 4명, 2001)된다고 할 수 있다.

㉠ 핵심 믿음체계

- 자동적인 사고는 지속적인 인지현상인 믿음으로부터 나오는데 이렇게 근원적으로 깊은 수준에서 형성된 믿음을 의미한다. 또한 이것이 부정확하고 역기능적일지라도 그것이 계속 활성화

되면서 그대로 믿게 된다(양옥경 외 4명, 2001).

ⓛ 중간 믿음체계

- 핵심 믿음체계와 자동적 사고 사이에는 태도, 규칙, 가정들로
이루어진 중간 믿음체계가 있어 어떤 상황을 보는 관점에 영
향을 주어 그 사람이 어떻게 느끼고 행동하는가에 영향을 주
지만 자신은 잘 인식하지 못하게 된다(양옥경 외 4명, 2001).

ⓒ 신념과 규칙

- 이들은 스키마의 내용에 해당하는 것으로서 사람의 사고, 감정
및 행동의 내용을 결정짓는 역할을 한다(양옥경 외 4명, 2001).

(2) 추론과정에서의 체계적 오류

Beck은 우울과 불안 등의 정서문제를 생활사건에 대한 왜곡된 사
고나 비현실적인 인지적 평가의 결과로 설명한다. 다음은 Freeman
이 이야기하는 왜곡된 사고들의 경우로 이러한 것은 때로는 일부
기능적 역할을 하기도 하나 대개의 경우 부정적 영향을 미치며 역
기능적 행동들을 발생시킨다(김혜란 외 2명, 2001).

① 이분법적 사고
- 모든 경험을 상반되는 양 범주로 간주하는 것이다.
② 과도한 일반화
- 분리된 사건들에 대한 결론을 연관되거나 연관되지 않는 상황
전반에 적용하는 유형을 말한다.

③ 선택적 추론

- 상황에 대한 보다 현저한 특성을 무시한 채 맥락에서 벗어난 세부 내용에 초점을 두는 것이다.

④ 긍정적 측면의 격하

- 부정적인 측면으로 긍정적 측면들을 무시하는 경우이다.

⑤ 독심

- 근거 없는 타인들의 마음에 대한 부정적인 생각을 말한다.

⑥ 예언하기

- 예측한 사건으로 사실처럼 반응하는 경우를 말한다.

⑦ 비극화

- 가능한 부정적 사건을 비극으로 간주하는 경우를 말한다.

⑧ 최소화

- 사건의 의미나 크기를 왜곡하는 것이다.

⑨ 정서적 추론

- 본인이 상상하는 정서를 실제 상황으로 추리하는 경우이다.

⑩ '~해야만 해'라는 명령식의 진술

- 완곡한 진술적 표현으로 압박감이나 불만족을 표현한다.

⑪ 라벨링

- 구체적 행위 묘사가 아닌 자신에 대한 부정적 라벨을 부여하는 것이다.

⑫ 개인화

- 외부 사건이 자신과 관련이 없음에도 불구하고 자신과 연관시키는 것이다(배창진 · 박정희 · 장세철 · 이영실 · 이재모 · 이용환 · 황성하, 2003).

(3) 인지치료의 개입방법

인지치료방법은 클라이언트의 학습 경험을 강조한다.

① 자신의 부정적 자동적 사고를 모니터한다.

② 인지와 정서, 행동의 연관성을 인식한다.

③ 자신의 왜곡된 자동적 사고를 뒷받침하거나 반박하는 근거를 점검한다.

④ 왜곡된 인지를 보다 현실 지향적 해석으로 대체한다.

⑤ 왜곡된 인지유형으로 기울어지게 된 저변의 가정들과 믿음을 규명하고 변경할 수 있도록 학습한다.

또한 인지치료에서는 클라이언트들의 의미체계가 서로 다르다는 것을 강조한다. 따라서 사회복지사는 클라이언트의 계속되는 생각들이나 이미지들에 대해 추측할 것이 아니라 클라이언트의 계속되는 생각들이나 이미지들에 대해 물음으로써 이런 생각들이나 이미지들이 어떤 의미인지 확인하고 개별 클라이언트의 의미체계를 이해하며 이들이 보다 현실적으로 변화하도록 교육한다. 치료가 진행됨에 따라 클라이언트는 보다 많은 책임을 지게 되고 사회복지사는 치료자가 아닌 자문의 역할을 수행한다(김혜란 외 2명, 2001).

임상사회사업의 실천장에서 일하는 사회복지사들은 다양한 기법들을 활용하게 된다. 이러한 다양한 기법들을 적용하는 과정에서 그 이론에 관한 정확한 지식 및 이론을 바탕으로 할 때 비로소 실천현장에 효율적·효과적으로 적용할 수 있다. 따라서 사람의 사고를 정서 및 신념체계와 연관시켜 적용하는 「인지행동모델」에 관한 정확한 이해 역시 실천현장에서 일하는 사회복지사들에게 필요한 근본지식이라 할 수 있다.

자신에게 일어난 정서적 변화가 어떤 결과를 불러일으키는가에 관하여 판단하고 다시금 적절한 행동을 선택하도록 돕는 「인지행동」에 관한 정확한 이론 및 지식을 바탕으로 임상현장에서 바람직하게 선택·적용하도록 하는 태도가 필요할 것이다.

제6절 노인장기요양보호 연구

1. 서론

우리나라의 현재 노령화는 세계에서 유래를 찾을 수 없을 만큼의 급속한 속도로 진행하고 있다. 노령화의 급속한 진전과 신체적 정신적으로 독립된 생활을 영위해 나갈 수 없는 노인의 양육은 가정의 돌봄만을 국한시킬 수 없게 되었다. 세계 선진국은 이미 사회복지가 잘된 나라도 있다. 영국을 비롯한 스칸디나비아의 반도 국가들 그리고 미국, 일본 등을 들 수 있다. 이에 정부는 복지 분야의 관심이 증대를 불러일으켰고 노인 수발 보험이라는 장기 요양보험을 2008년 07월 01일부터 도입 시행하고 있다. 물론 1980년대에서 민간 차원에서 지역사회 보호 서비스가 시작되었고 1990년대 국가의 공식적 서비스로 도입되었지만 저소득 노인 계층에만 국한된 것이었고 노인의 인구가 급격하게 증가하는 상황에서 전 국민을 대상으로 하는 사회적 정책이 필요하게 되었다.

OECD 국가 중 고령화 속도가 1위인 우리나라에서 '노인수발 보험제도'는 우리에게 꼭 필요한 제도라고 할 수 있다. 노인 문제가 사회적으로 이슈가 되고 있는 현 시대에 발맞추어 문제 해결과 실질적인 도움과 혜택을 주고, 최적의 서비스가 구현되는 것을 목표로 하여 노인 장기요양 보험제도가 정착해 가고 있다. 그러면 노인 장기요양 보험제도의 개요와 내용 및 현재 시행되는 사업들을 통해 우리나라가 가고자 하는 노인 복지의 방향을 알아보고, 실효성과 효율적인 정책 방향에 대해서 구체적으로 제시해 보고자 한다.

2. 본론

빠르게 진행하고 있는 고령화 시대의 사회문제들을 국가와 사회 및 개인들이 상호 연계하여 분담함으로써 노후의 건강의 증진을 도모하고 부양가족의 부담을 덜어 줌으로써 복지국가로 나아가는데 필요한 방향의 일환으로 선진국에서 이미 실시한 노인 장기 요양보험 제도를 2008년 07월 01일부터 실시 현재에 이르고 있다. 이 제도의 도입으로 노인복지의 관심은 급속도로 진행되고 있지만 지역사회의 군, 면 단위는 아직도 홍보 부족으로 이제도의 실시를 모르는 경우도 많아 실질적으로 대상자인데 무지로 인한 혜택을 못 받는 사각지대에 있는 노인들도 많다고 한다. 아직은 시작 단계로 시행 초기의 문제점과 착오가 생길 수 있다고 사료된다.

1) 노인 장기 요양보험 제도란

고령의 노인성 질병으로 인한 일상생활을 혼자하기 어려운 노인들에게 신체활동 가사활동 지원 등의 급여를 제공 요양보호사의 인력 배치로 일상생활을 도와주어 노후 생활의 안정과 가족의 부담을 덜어 주어 국민의 삶의 질을 높여 주는 제도로 시행됨에 따라 그동안은 가족 내에서 행해졌던 효를 국가 차원의 효로 확대하게 되었다.

치매, 중풍 등 가족 구성원이 맡기에는 역부족 현대시대는 핵가족화, 부부공동의 경제적 참여, 즉 맞벌이 등으로 가정 경제의 공동 부담을 져야 할 만큼의 경제적 문제에 직면하는 추세이다. 물가상승과 사교육비의 증가 등이 그 예이다. 그런 이류로 노인들을 정성껏 수발하기가 어렵게 되었는데 시기에 맞추어 노인 장기 요양보험의 등장으로 사회연대의 원리에 따라 국가와 사회가 분담한다는 데 큰 기여가 되고 이는 노인뿐만 아니라 장기요양을 담당하던 개개인에게도 짐을 덜 수 있는 제도이다. 노인들은 자식에게 부담을 주지 않고 노후를 지낼 수 있다. 부양 의무의 가족들도 부양 부담을 덜 수 있게 되었다 예전에는 부모나 노인들을 시설로 보내는 것은 버림의 차원으로 불효막심하다고 생각했다면 요즘은 생각의 인식이 바뀌어 가고 있다. 비록 가족과 떨어지는 문제는 안고 있지만 경제 상승으로 인한 교통비 증가, 물가의 상승, 사교육비 증가 등으로 맞벌이 가정이 늘어 부모 부양의 문제가 사회적 문제로 대두한다. 이러한 부담을 덜기 위한 제도인 노인 장기 요양보험제도는 노인들에게 낮 동안 혼자 있는 시간이 많은 외로움으로 우울증에 빠지기 쉬운 시간을 집단생활을 통한 사회행동을 강화시키고,

노인들과의 대화 및 직원들과도 개인적 건강 상담을 할 수 있어 보다 낮은 질병을 강화시킬 수 있는 양, 질의 서비스를 받게 된다.

2) 노인 장기 요양보험 제도의 문제점

(1) 요양시설의 부족

공급적인 측면에서 요양 서비스의 인프라가 부족하고 지역 간의 시설 공급의 불균형 문제와 시설 간 서비스 격차문제가 야기 가능성이 있다. 이는 중앙정부와 지자체의 배정에 있어 지자체의 예산 부족 부지 설정의 문제 등 아직 계획조차 없는 지자체가 있다.

(2) 대상자에 관한 문제

등급을 1－5등급을 정해 놓고 1－3등급 대상자 중 우선적으로 1－3등급 대상자를 우선으로 재가 서비스 또는 요양시설에서 보살핌을 받도록 하고 있는데 노인 장기 요양 보험법에 대한 국민적 기대는 큰데 대상자는 적은 불만이 야기된다.

(3) 처우문제

요양시설 종사자 인건비 삭감, 이용자 본인부담 과중, 요양 시설 간 시설 서비스 수준의 편차, 장기요양 서비스 제공거부 등이 있다. 한 예로 요양보호사의 경우 비정규직이거나 시간제로 임금은 적고 일이 힘들다는 인식으로 자격증 소지자는 많지만 일손이 모자라는 현상이 초래한다.

(4) 시설재원 확보의 어려움

보험수가를 받아 시설 운영해야 하므로 재원이 안정적으로 확보
되지 못함으로 인해 본래의 취지와는 다르게 경영이 되고 경쟁화
시키면서 대형화 최적지 등 선택의 폭이 다양해져 지역 간 재원 편
차가 있을 수 있고 인구구조의 영향과 세대별 인구크기에 따른 형
평성의 문제가 제기된다.

3) 노인 장기요양 보험제도의 개선안

(1) 65세 이상에서 70세 이상으로 제안해 본다.

평균수명의 연장으로 장기적인 서비스가 중요하고 미래의 재원
고갈로 갈 가능성이 제고되며 영국에서 움직이고 있는 생산적 복
지의 일환으로 5년쯤 더 연장할 방안도 제시해 본다.

(2) 시설 확대

요양시설의 공급을 확대하고 서비스 질을 표준화된 방식으로 측
정한다. 이에 대한 소비자의 용이한 접근을 확보함으로써 공급자
간 실질적인 경쟁을 촉진해야 한다.

(3) 선택적 수용방지

수가를 노인의 건강상태를 요양 서비스의 결과의 연계함으로써 요양
서비스 공급자가 상대적으로 경증 노인들만을 선택적으로 수용할 수
있는 점을 방지하고 양질의 서비스를 제공하기 위해 노력을 해야 한다.

(4) 정부의 시설에 대한 강압적인 정책보다는 자발적 참여 유도

정부는 시설에 대한 지나친 간섭으로 인해 시설 운영자나 직원들의 시설 안에서 일어나는 세밀한 감정, 정서 등의 상황적 요소들은 고려하지 않은 면이 있으므로 자발적인 참여와 인간적 휴머니즘을 살릴 필요가 있고 의사소통의 전문적 소견을 충분히 반영함으로써 요양 서비스를 효과적으로 이용하도록 해야 한다.

3. 지역사회의 문제점과 대응방안

1) 전문 인력 부족

사회복지 전문 공무원의 수가 너무 적은 문제가 대두된다. 면단위 1명 읍단위 3명 정도로 사회복지 모든 분야를 총괄, 담당하기에는 무리가 있다. 복지 시대를 맞아 전담 공무원 수를 늘려 홍보 부족으로 인한 사각지대에 놓여 있는 노인들을 구제하고 국민전체가 다양한 혜택이 돌아가는 사회의 정착을 위해 전문 인력의 확충은 적재적소에 배치해야 한다.

2) 폐쇄사회 체계

농촌은 유동인구가 적은데다 농촌 주변의 지지체계의 부실은 농촌을 지키고 있는 젊은 층의 감소를 부채질하고 있다. 농촌의 경제를 살리기 위해서 다각도로 연계방안을 계획 수립해야 한다.

3) 복지혜택의 부족

교통의 불편, 의료 서비스 등의 취약점, 대부분 농촌은 65세 이상이 많아 아플 경우 의료 혜택이 신속히 이루어지지 않는 문제점을 안고 있다. 이에 사회의 폭넓은 관심과 포괄적인 복지 지원이 시급히 요구된다. 또한 복지의 사각지대에 있는 경우도 많다. 혼자 거주하는데도 자식이 있다는 이유 등의 단서는 겉으로 들어나는 겉만 조사하고 상황은 무시해 버리는 복지 제도에 기인된다고 본다. 따라서 농촌 노인을 위한 복지 시설을 확충, 즉 마을 회관을 이용 복지용구(안마기, 물리치료기 등)를 지원한다. 농촌 노인들의 삶의 질을 향상하여 인간답게 살아갈 수 있도록 이를 실천해야 한다.

4) 주민의 적극적 참여 미흡

한마디로 관심의 부족이다. 아직도 지역 사회는 유교적인 문화가 비교적 도시보다는 강하게 자리하고 있는 면과 대부분 노인들로 구성 거동의 불편으로 소극적 참여를 보일 수밖에 없다. 젊은 층도 도시보다는 경제적으로 어려워 생활 곤란을 겪는 경우가 많아 참여해야 하는 것을 알면서도 선뜻 나서지 않는 면이 있다. 적극적 홍보와 주민 참여 의식을 높이는 방법을 강화해야 한다.

5) 자원봉사를 통한 연계조사

지방 재정 부족으로 인력부족의 현상을 막는 차원에서 자원봉사 활동법을 재정하려는 정부의 방침은 중요하다고 본다. 지방인력 자

원의 활용은 그 지역의 특수한 상황도 잘 이해할 것이고 정서와 문
화도 동질감을 갖고 있어 접근이 용이하리라고 사료된다.

6) 정상화 이념 부재

보통 사람처럼 불편 없이 생활하도록 편의를 제공하고 주민 참
여의 부족은 정부의 적극적으로 개입하며 홍보하고 인터넷 교육을
강화하며 조직망을 구축하여 접근성을 용이하게 하며 법적제도 장
치 마련, 상호 협조체계를 강화, 공공복지와 민간복지의 틈새를 막
는 지역복지로의 중간적 역할을 잘 담당해야 한다. 정부의 공공복
지와 민간복지 간의 상호 유기적인 관계를 강화 원 스톱 서비스를
실천해 나갈 필요가 있다. 또한 재원부족 측면에서는 분권 교부세
법에서 내국세 재정의 0.94%를 받는데 2009년 12월 31일부로 중
지한다고 하는데 이는 큰 액수로서 지원을 더 늘려야 하는데 없애
는 것은 옳지 않다고 사료되므로 복지 재원을 확충의 필요성이 요
구된다.

4. 지역사회 복지계획의 실천 과제

1) 계획수립 및 실천주체들의 적극적인 참여가 요구된다.

여기에는 지자체의 복지 관련 각종 위원회를 통합해 지역사회복
지협의체 및 사회복지 위원회의 역량을 강화해야 한다. 이는 점차
강조될 민, 관 협력체계 구축 및 강화방안과 그 맥을 같이하는 것

으로 보다 많은 관심이 필요하다.

(1) 연차별 시행계획 수립 시 실행계획의 정교화가 필요하다.

(2) 지방자치단체의 계획추진단을 새로이 구성하여 운영할 필요가 있다.

(3) 계획의 평가 기법을 개발하여 평가지표를 제시하고 적용해 봄으로써 계획의 내실화를 기해 긍정적인 계획 수립을 하는 데 영향을 미칠 수 있도록 하여야 한다.

2) 주민 참여

지역사회 복지에 있어서 주민 참여는 하나의 목표이고 과제이며 주민협력을 얻어 내는 핵심적인 수단이다. 주민의 다양한 욕구에 대처하기 위해서는 정부의 획일적인 서비스만으로 한계가 있으며, 지역의 자원, 주민의 욕구, 해결해야 할 문제의 근원에 대한 이해와 관심이 없다면 지역사회 복지의 발전은 불가능할 뿐만 아니라 주민 공동체의식의 연대나 자발적 참여 역시 기대하기 어렵다.

(1) 주민참여의 순기능

① 지역복지에 대한 정보교환 기능이다.

② 의견수렴 기능이다.

③ 합리적인 의사결정 기능이다.

④ 문제해결 기능이다.

⑤ 지역사회 복지정책의 비판, 평가, 감시 기능이다.

⑥ 공동체의식 강화 기능이다.

(2) 주민참여의 역기능

① 지역, 집단 이기주의로 점철될 위험성이 있다.

② 참여자들의 대표성 문제가 제기될 수 있다.

③ 전문성의 문제가 나타날 수 있다.

④ 비용이 증가될 수 있다.

⑤ 정부와 주민 간의 기존관계 변화와 정부나 지역사회 복지 기
   관의 편의성을 고려하지 않은 주민 참여에 대해서는 관료제
   의 저항이 예견된다.

3) 아래의 표 Ellen 외의 지역사회 대인서비스 시스템에서 지역사회기관 간의 5가지 상호작용 수준

상호작용의 수준	상호작용의 유형
의사소통	조직들 간의 언어 및 문서 또는 다른 형태의 의사소통은 정보 또는 아이디어의 공유로 한정된다. 자문이 포함된다.
협력	둘 이상의 분리된 조직들이 독립된 프로그램을 계획하고 실천하지만 모든 업무들은 비슷하고 비갈등적인 목표들을 향한다. 조직은 정보를 공유하지만 독립적으로 프로그램을 수행한다. 조직들은 각기 다른 조직에 홍보를 하고 불필요한 서비스 중복을 피하려 시도한다.
협동	둘 이상의 분리된 조직들이 단일 프로그램 또는 서비스를 함께 제공하기 위해 결합하는 것이다. 각각의 조직은 조직의 정체성은 유지하되 자원은 공동으로 공유된다.
조정	둘 이상의 분리된 조직들이 프로그램을 함께 기획하고 조직들이 부드럽게 상호 작용하는 것을 보장하며 갈등. 낭비 그리고 불필요한 서비스의 중복을 피한다.
통합	둘 이상의 조직들이 프로그램 또는 서비스의 제공을 위해 합병되는 것이다. 참여하는 조직들은 정체성 또는 자원을 분리하여 유지하지 않는다.

5. 결론

지역사회 조직을 향상시키는 일은 개인의 노력보다는 지역 주민의 일치된 행동과 적극적 참여가 요구된다. 지방의 지도자를 발굴, 육성, 격려하며 지역사회의 자조적인 프로젝트를 효과적으로 하기 위해서는 정부로부터 적극적인 지원을 받아야 한다. 국가적인 차원에서 지역사회 개발 사업은 일관성 있는 정책의 수립, 특별 행정 기구의 설립, 담당인력의 선발과 훈련, 지역사회의 국가로부터 자원 동원 조사 실험 평가가 중요하다. 지역 차원에 있어서의 정치적 사회적 발전은 보다 넓은 국가적 차원에서 개발과 평행하게 이루어져야 한다.

제3부

분석 법조문들

제1장
직무분석 법령

직무분석규정

[시행 2009.9.8] [대통령령 제21717호, 2009.9.8, 타법개정]

제1장 총칙 <개정 2008. 12. 31.>

제1조 (목적) 이 영은 「국가공무원법」 제22조의2에 따른 직무분석의 실시 및 그 결과의 활용과 같은 법 제23조에 따른 직무등급의 배정 등에 필요한 사항을 규정함을 목적으로 한다.

[전문개정 2008. 12. 31.]

제2조 (적용 범위) 이 영의 적용을 받는 직위는 다음 각 호와 같다.

1. 국가행정기관의 직위

2. 국가공무원으로 임명하는 지방자치단체 및 지방교육행정기관의 직위

3. 「공무원임용령」 제41조제1항제1호·제2호·제3호·제5호·제6호 또는 제7호에 따라 파견된 공무원으로 임명하는 직위

[전문개정 2008. 12. 31.]

제3조 (다른 법령과의 관계) 직무분석의 실시 및 그 결과의 활용과 고위공무원단 직위의 직무등급의 배정 등에 관하여는 다른 법령에 특별한 규정이 있는 경우를 제외하고는 이 영에서 정하는 바에 따른다.

[전문개정 2008. 12. 31.]

제4조 (정의) 이 영에서 사용하는 용어의 뜻은 다음과 같다.

1. '직무분석'이란 해당 직위의 성과책임 규명, 직무평가 및 직무수행요건 규명 등 각종 직무정보를 체계적으로 수집·분석하는 모든 활동을 말한다.

2. '성과책임'이란 해당 직위에 임명되어 있는 사람이 직무를 수행한 결과 달성할 것으로 기대되는 표준적인 성과를 말한다.

3. '직무기술서'란 직위별 주요 업무활동, 성과책임, 직무수행의 난이도 및 직무수행요건 등 직위에 관한 정보를 기술한 문서를 말한다.

4. '직무평가'란 직위별 직무의 곤란성 및 책임도를 평가하는 모든 활동을 말한다.

[전문개정 2008. 12. 31.]

제2장 직무분석의 실시 등

제5조 (직무분석 실시권자) ① 「공무원임용령」 제2조제4호에 따른 소속장관(이하 "소속장관"이라 한다)은 해당 기관과 그 소속 기관 등의 직위에 대한 직무분석을 할 수 있다. 다만, 다음 각 호의

어느 하나에 해당하는 직위에 대하여는 행정안전부장관이 직무분석을 할 수 있다.

1. 법률에 따라 새로 설치되는 기관의 직위

2. 「공무원임용령」 제41조제1항제1호 · 제2호 · 제3호 · 제5호 · 제6호 또는 제7호에 따라 파견된 공무원으로 임명하는 직위

3. 다른 법령에서 행정안전부장관이 직무분석을 할 수 있도록 정한 직위

4. 그 밖에 제1호부터 제3호까지의 직위에 상응하는 직위로서 소속장관이 직접 직무분석을 하기 곤란한 직위

② 행정안전부장관은 인사행정에 관한 기본정책의 수립, 공무원 보수체계의 혁신, 그 밖에 인사행정 분야의 개혁 등 합리적인 인사관리를 위하여 필요한 경우에는 제2조의 직위에 대하여 직무분석을 할 수 있다.

[전문개정 2008. 12. 31.]

제6조 (직무분석의 실시 절차) ① 직무분석은 기본계획 수립, 대상 직위의 선정, 직무기술서의 작성, 직무기술서상의 직무정보의 분석 및 직무평가와 사후관리 등의 순서로 한다.

② 소속장관과 행정안전부장관은 직무분석의 목적과 기관 또는 대상 직위의 특성 등에 따라 필요한 경우에는 제1항에 따른 절차의 일부를 통합하거나 생략할 수 있다.

[전문개정 2008. 12. 31.]

제7조 (직무분석 기법의 개발 및 실태조사 등) ① 행정안전부장

관은 소속장관이 직무분석을 효율적으로 할 수 있도록 직무분석기
법을 개발·보급하고, 직무분석 담당자에 대한 교육훈련 등을 지원
하여야 한다.

② 행정안전부장관은 체계적인 직무분석의 실시 및 그 결과의
    활용을 위하여 필요한 경우에는 소속장관의 직무분석 실태를
    조사·평가할 수 있다.

[전문개정 2008. 12. 31.]

제3장 직무등급의 배정 등

제8조 (직무등급의 배정 및 개정) ① 직무등급은 제5조 및 제6조
에 따른 직무분석 결과를 기초로 하여 직무의 곤란성 및 책임도의
차이에 따라 배정하여야 한다.

② 고위공무원단 직위의 직무등급은 가등급과 나등급으로 구분
    한다.

③ 행정안전부장관은 직무 내용이나 행정환경의 현저한 변화 등
    으로 인하여 직무등급을 재심사하여야 할 상당한 사유가 발
    생한 경우에는 재심사를 하고, 그 결과 이미 배정된 직무등급
    이 적정하지 아니하다고 판단하는 경우에는 이를 개정하여야
    한다.

④ 행정기관의 조직과 정원을 규정하는 대통령령(이하 '직제'라
    한다) 등의 제정 또는 개정으로 직무등급을 배정하거나 개정
    하려는 경우에는 제정 또는 개정될 직제 등의 시행일에 맞추
    어 직무등급을 배정하거나 개정할 수 있다.

⑤ 행정안전부장관은 제1항·제3항 또는 제4항에 따라 직무등급을 배정하거나 개정하려는 경우에는 그 사실을 소속장관에게 통보하여야 한다.

[전문개정 2008. 12. 31.]

제9조 (직무등급의 배정 및 개정 요구 등) ① 소속장관은 필요한 경우에는 행정안전부장관에게 해당 기관과 그 소속 기관 등의 고위공무원단 직위에 대하여 직무등급의 배정 또는 개정을 요구할 수 있다.

② 소속장관은 제8조제5항에 따른 통보를 받았을 때에는 이에 대한 의견을 제출할 수 있다.

③ 소속장관은 제1항에 따라 직무등급의 배정 또는 개정을 요구하거나 제2항에 따라 의견을 제출할 때에는 행정안전부장관이 정한 직무평가 기준과 방법에 따라 직무평가를 하여 그 결과를 제출하여야 한다.

[전문개정 2008. 12. 31.]

제10조 (직무등급 배정 결과의 통보 등) ① 행정안전부장관은 제8조에 따라 직무등급을 배정 또는 개정한 때에는 즉시 소속장관에게 통보하여야 한다.

② 소속장관은 해당 기관과 그 소속 기관 등의 직위에 배정된 직무등급을 「행정기관의 조직과 정원에 관한 통칙」 제4조의2 제1항에 따른 총리령 또는 부령(지방자치단체 또는 지방교육행정기관의 직위 중 국가공무원으로 임명하는 직위의 직무등

급은 각각 행정안전부령 또는 교육과학기술부령을 말한다.
이하 '직제시행규칙'이라 한다)에 표시한다. 다만, 직제시행규
칙을 발할 수 없는 기관의 경우에는 훈령·예규나 그 밖의
방법으로 표시할 수 있다.

[전문개정 2008. 12. 31.]

제11조 (직무분석 결과 등의 활용) 소속장관 및 행정안전부장관
은 채용, 승진, 전보, 보수지급 및 성과관리 등 각종 인사운영에 직
무분석 및 직무등급 배정 결과를 적극 활용하여야 한다.

[전문개정 2008. 12. 31.]

제4장 보칙 <개정 2008. 12. 31.>

제12조 (예산 협의) 행정안전부장관은 고위공무원단 직위의 순증
(순증)에 따라 직무등급을 신규로 배정하거나 기존의 직무등급을
상위 직무등급으로 개정하여 예산이 추가로 필요한 경우에는 기획
재정부장관과 협의하여야 한다.

[전문개정 2008. 12. 31.]

부칙 <제19520호, 2006. 6. 12.>
①(시행일) 이 영은 2006년 7월 1일부터 시행한다.
②(경과조치) 위원회가 이 영의 시행 전에 제2조의 직위에 대하
　　여 실시한 직무분석은 이 영에 따라 실시한 것으로 본다.

부칙 <제20714호, 2008. 2. 29.>

제1조 (시행일) 이 영은 공포한 날부터 시행한다.

제2조 (직무등급 배정 등에 대한 경과조치) 이 영 시행 당시 종전의 규정에 따라 중앙인사위원회가 행한 직무분석 및 고위공무원단 직위에 대한 직무등급 배정 등과 중앙인사위원회가 발령한 고시·예규 등은 각각 이 영의 해당 규정에 따라 행정안전부장관이 행하거나 발령한 것으로 본다.

부칙 <제21208호, 2008. 12. 31.>

이 영은 2009년 1월 1일부터 시행한다.

부칙 <제21717호, 2009.9.8>　(공무원임용령)

제1조 (시행일) 이 영은 공포한 날부터 시행한다. <단서 생략>

제2조 및 제3조 생략

제4조 (다른 법령의 개정) ① 부터 ⑨ 까지 생략

⑩ 직무분석규정 일부를 다음과 같이 개정한다.

제5조제1항 각 호 외의 부분 본문 중 "「공무원임용령」 제2조제4호에 따른 소속장관(이하 "소속장관"이라 한다)"을 "「공무원임용령」 제2조제3호에 따른 소속 장관(이하 "소속 장관"이라 한다)"으로 하고, 같은 항 제4호 중 "소속장관"을 "소속 장관"으로 한다.

제6조제2항, 제7조제1항·제2항, 제8조제5항, 제9조제1항부터 제3항까지, 제10조제1항, 같은 조 제2항 본문 및 제11조 중 "소속장관"을 각각 "소속 장관"으로 한다.

▌약 력

1994. U.S.A. Midwest University(M.Div 교역학석사)
2002. 고려대학교(교육정책학 석사 - 수석장학생)
2005. 성균관대학교 대학원 박사 Cand(교육행정학 전공)

1991. 한국세무신문사 전문취재부 기자
1995. 한국어린이선교원신학교 캠퍼스 분교장
2002. 고려교육정책학회 상임회장(학진 학회검색 가능)
2002. 몬테쏘리학회 상임회장(학진 학회검색 가능)
2002. 고구려대학교 설립추진위원회 법인이사
2003. 한주신학 학술원 설립이사(신학원 교수)
2003. U.S.A. Glenford University 교육학과 교수 역임
2004. U.S.A. Cohen University 정책학과 외래교수
2004. 한국복지상담학술재단 이사 겸 홍보처장
2005. U.S.A. Holy People University Campus 유학담당 지도교수
2005. PHILIPPINE PRESBYTERIAN THEOLOGICAL COLLEGE 객원교수
2005. 대통령직속기관 사법개혁추진위원회 모의재판 배우 활동(광주법원, 서울 공연)
2005. 혜전대학 adjunct professor 역임
2006. 고위직 직무교육 콘텐츠 연기자 활동(기아, 현대, 대우 자동차)
2006. 장애인복지시설, 행복한재단 이사 활동
2008. 혜전대학 초빙교수
2008. 지방분권신문사 사장(대표이사) 역임
2009. Korea Entertainment institute 대표이사
2009. 고려신학대학원, 고려사이버신학대학 원격평생교육원 기획처장
2009. 한민대학교 출강교수

▌주요 논문 및 저서

「우리나라의 복지행정제도에 관한 고찰 연구」(1988)
「Kal Barth의 신관 연구」(1988)
「한국 민중문화와 민중 신학 연구」(1992)
「Rein hold Niebuhr & Marx에 대한 상관관계 연구」(1993)
「A CHRONOLOGICAL HARMONY OF THE RESURRECTION APPEARANCES OF JESUS THE MESSIAH」(1994)
「북한종교의 변화 전망 연구」(2002)
「교육위원회와 지방의회간의 갈등 현상에 관한 연구」(2001)
「조선조 과거시험 방식의 정책적 분석」(공동, 2005)
「조선의 과거제도에 대한 정책적 연구」(공동, 2005)
「조선왕조 과거제도 인사정책 연구」(공동, 2005)

「조선왕조 과거시험주기 정책적 주장 분석연구」(공동, 2005)
「조선왕조 과거제도가 현대 정책에 주는 의미」(공동, 2005)
「과거제도 시험주기의 정책 분석연구」(공동, 2005)
「북한 종교지형 변천 정책 분석연구」(공동, 2005)

1. 『대학생활영어』(공저)
2. 『행정경제교육』(저술)
3. 『행정정책기획론』(저술)
4. 『의원학』(저술)
5. 『국회의원학』(저술)
6. 『교육정책학 · 상』(저술)
7. 『교육정책학 · 하』(저술)
8. 『산학협동교육학』(저술)
9. 『현대교육학실기론』(저술)
10. 『현대환경행정론』(공저)
11. 『행정사무관리론』(공저)
12. 『영재교육심리』(저술)
13. 『인사행정학』(저술)
14. 『행정복지론』(저술)
15. 『조직신학』(공저)
16. 『아다르마 성공비법』(저술)
17. 『동양환경행정』(저술)
18. 『교육학과 비서행정』(저술)
19. 『7만교인 교육론』(저술)
20. 『지방자치발전론』(저술)
21. 『CEO 지도자론』(공저)

22. 『NGO 행정론』(공저)
23. 『경영행정학』(저술)
24. 『직업과경제』(저술)
25. 『실기교육방법론』(저술)
26. 『전산실무』(저술)
27. 『사회복지행정론』(공저)
28. 『대박마케팅』(공저)
29. 『행정학』(저술)
30. 『멘토』(저술)
31. 『모세오경의 교육론』(공저)
32. 『사회복지정책론』(공저)
33. 『금융재테크 성공론』(공저)
34. 『사회복지법제』(저술)
35. 『리더십 성공론』(저술)
36. 『사회복지상담』(저술)
37. 『경찰행정법』(공저)
38. 『무역법과 상거래』(공저)
39. 『복지행정조사방법론』(저술)
40. 『행정조직관리론』(저술)
외 다수

연락처 : doctor@skku.edu

복지행정 조사방법론

초판인쇄 | 2010년 1월 22일
초판발행 | 2010년 1월 22일

지 은 이 | 한만봉
펴 낸 이 | 채종준
펴 낸 곳 | 한국학술정보㈜
주   소 | 경기도 파주시 교하읍 문발리 파주출판문화정보산업단지 513-5
전   화 | 031) 908-3181(대표)
팩   스 | 031) 908-3189
홈페이지 | http://www.kstudy.com
E-mail | 출판사업부 publish@kstudy.com
등   록 | 제일산-115호(2000. 6. 19)

ISBN   978-89-268-0752-1 93330 (Paper Book)
        978-89-268-0753-8 98330 (e-Book)